COLLECTION FOLIO

Marlena de Blasi

Mille jours en Toscane

Traduit de l'américain
par Marie-Pierre Bay et Nicolas Castelnau-Bay

Mercure de France

Titre original :

A THOUSAND DAYS IN TOSCANY

First published in the United States under the title :
A Thousand Days in Toscany : A Bittersweet Adventure.

Published by arrangement with Algonquin Books of Chapel Hill,
a division of Workman Publishing Company, New York.

Pour Jill Foulston

qui, un soir, s'est arrêtée chez moi,
et dont la présence a tout changé,
tout rendu plus beau à jamais.

Mais parce que c'est beaucoup d'être ici,
et que tout ce qui est ici, toutes ces choses passagères, semblent avoir besoin de nous, elles qui étrangement nous requièrent. Nous, les plus passagers. Une fois chaque chose, rien qu'une fois.
Une fois, et plus jamais. Et nous aussi,
une fois. Pas deux.
Mais avoir été cette seule et unique fois,
oui, même si ce n'est qu'une fois, avoir été chose terrestre, il semble bien que rien ne puisse l'effacer.

RAINER MARIA RILKE
Élégies duinésiennes
(traduit par Jean-Yves Masson)

PROLOGUE

« *Ce l'abbiamo fatta!* Nous l'avons fait! » s'exclama-t-il, les deux mains agrippées au volant de sa vieille bmw, les coudes écartés comme deux ailes, et il se met à rire, tel un conspirateur ravi de son coup.

Je me contente de répondre « oui, nous l'avons fait », avec une pointe de dédain sur le « nous ». Je préfère ne pas le regarder et contempler par la vitre les lumières du Ponte della Libertà. Le jour n'est pas encore levé. La lune décroît dans le ciel bleu foncé au-dessus de la lagune. Son cri de joie et le grondement du moteur sont les seuls à rompre le silence. Et voilà que mes larmes commencent à couler, un flot brûlant que je ne parviens pas à retenir. Je ne veux pas quitter Venise où je vis avec lui depuis trois ans. En même temps, je ne peux pas m'empêcher de sourire en pensant à ce nom si approprié : *Ponte della Libertà.* Existe-t-il un meilleur chemin quand on cherche à s'enfuir? C'est lui qui a souhaité partir, lui qui veut tout recommencer à zéro. Oh, moi aussi, bien sûr. C'est *notre* aventure. Et une partie de moi se réjouit à l'idée d'aller s'installer dans l'exquise campagne toscane. En outre, nous ne serons qu'à quelques heures de Venise, à peine une matinée. Nous ferons des allers et retours, c'est évident. Toutefois, dans l'immédiat, je dois retrouver en moi mon côté d'éternelle vagabonde, en espérant que celle-ci existe toujours et m'aidera à tenir bon.

Mon Vénitien de mari a rompu toutes les attaches avec sa ville. Après avoir démissionné de son emploi et vendu notre appartement, il est en train de déchiqueter les dernières bribes de son passé qui s'éparpillent dans l'eau de la lagune où elles disparaissent. Depuis notre rencontre, il y a mille jours et quelques, il a entrepris de transformer complètement sa vie, par moments avec difficulté, à d'autres au grand galop. Il veut désormais repartir sur des bases différentes. Bien qu'assez enclin à la mélancolie, Fernando est persuadé qu'un nouveau départ, par définition, est joyeux, que tout va ressembler à un chemin fleuri de roses, où il sera interdit de souffrir. Il est persuadé que les fantômes du passé ne sauront pas le retrouver en Toscane.

Nous sommes maintenant sur la terre ferme et traversons Marghera en direction de l'*autostrada*. Il braque sur moi ses yeux couleur myrtille et essuie mes larmes du revers de la main. Il y a dans son regard un mélange de tristesse très ancienne et d'espièglerie. C'est ce que j'avais aimé dès le début chez lui. Ce regard et son sourire timide. Autour de nous, on a qualifié notre histoire d'inattendue, d'improbable, de véritable conte de fées. Voilà qu'un homme, plus tellement jeune, est assis un mardi d'automne très pluvieux dans un bar de Venise et qu'il voit une femme, plus vraiment jeune non plus, installée deux tables plus loin. Quelque chose change alors en lui. En fait tout change[1]. Et quelques jours plus tard, tout changera aussi en elle. Elle est chef de cuisine, écrivain, journaliste, des magazines la paient pour aller dénicher en France et en Italie les meilleures adresses où boire et manger. Or elle va liquider tout ce qui a constitué jusque-là sa vie si agréable mais aussi si solitaire. Elle serre dans ses bras ses deux grands enfants qui volent désormais de leurs propres ailes pour aller vivre avec son bel étranger sur les bords de la mer Adriatique. À la lueur d'une centaine de cierges blancs, au milieu des fumées de l'encens, ils se marient dans une petite église tournée vers la lagune. Ils partent ensuite passer leur lune de miel à Paris. Leur amour, ils vont le vivre pleinement. Ils se disputeront, ils riront ensemble. Ils s'efforceront d'apprendre chacun la langue et les façons de faire de l'autre, mais ils comprendront vite qu'une vie entière ne leur suffira pas pour tout découvrir.

1. Voir *Mille jours à Venise* de Marlena de Blasi, Mercure de France.

ÉTÉ

1

D'exquis beignets de fleurs de courgettes

Nous avions donc quitté Venise très tôt le matin et suivi un énorme camion bleu transportant notre déménagement au complet, plus quatre Albanais se relayant au volant. À onze kilomètres de l'arrivée voilà qu'un groupe de *carabinieri*, arme automatique à l'épaule, fait signe à notre petit convoi de stopper sur le bas-côté de la route 321. Nous allons être retenus là, interrogés et fouillés pendant près de deux heures. Deux de nos quatre déménageurs albanais s'avèrent être des sans-papiers, et donc automatiquement susceptibles d'être en état d'arrestation. Nous nous sommes alors efforcés d'expliquer à la police militaire que nous partions nous installer dans une ferme toscane et qu'il allait nous falloir beaucoup de bras solides pour nous aider. Les carabiniers sont allés téléphoner très longtemps depuis une de leurs voitures. Ils ont discuté entre eux, hésité, semble-t-il, retéléphoné.

On raconte qu'on les choisit en fonction de leur beauté physique, qu'ils représentent la splendeur de l'État italien. Et il est vrai qu'admirer leurs yeux clairs et leurs cheveux noirs a constitué une plaisante diversion pendant cette interminable attente. Finalement, l'un d'eux, chaussé de hautes bottes luisantes comme ses collègues, est revenu vers nous et a déclaré : « Bon, ça va, mais nous avons le devoir de vous accompagner. » Notre convoi est donc devenu une véritable caravane qui a beaucoup intrigué les paysans croisés en chemin, avant de venir stationner derrière notre vieille bmw dans le jardin de ce qui serait désormais notre foyer. Et à partir de là, au travail !

Nous avions signé un contrat avec notre propriétaire, la signora Lucci, comme quoi la maison serait vide et le ménage fait. Il a bien fallu constater que ce n'était pas le cas. Tandis que nos Albanais clandestins commençaient à sortir nos affaires du camion, j'ai réquisitionné les carabiniers pour qu'ils m'aident à débarrasser les meubles et les objets encombrant toutes les pièces. Il y a des armoires aux portes sorties de leurs gonds, des tables et des chaises habilement appuyées les unes contre les autres pour qu'elles tiennent debout, six lits superposés... Nous entreprenons de tout sortir et tout entasser dans la grange. Dans ce qui devrait être notre chambre, j'époussette soigneusement une belle gravure dans un cadre de bronze qui représente une allée bordée de cyprès. Mais le crochet dans le mur cède et je découvre derrière un coffre-fort. Cette maison, un ancien corps de ferme à peine restauré, où il n'y a pas le chauffage, ni le téléphone, mais en tout et pour tout un système électrique à peine suffisant pour un ermite aveugle, dispose d'un coffre-fort. Et pas le modèle passe-partout qu'on peut trouver dans une chambre d'hôtel, non, un grand, très grand coffre, avec un côté officiel, muni de deux poignées et d'une pendule. J'appelle Fernando.

« Il est évidemment neuf, me dit-il, après avoir regardé. Les Lucci l'ont fait installer pendant la rénovation de la maison. Je ne crois pas que nous soyons censés nous en servir.

— Mais pourquoi en auraient-ils besoin ici ? Pourquoi pas chez eux, dans leur villa ? Je pense au contraire que c'est destiné aux locataires. Essayons de l'ouvrir. »

Nous tentons de tourner les poignées, d'appuyer dessus, mais sans succès. Fernando déclare alors :

« C'est fermé et, sans la combinaison, nous n'y arriverons pas. Il faudra aller la demander. Mais, à ton avis, qu'est-ce que nous pourrions bien avoir à mettre là-dedans ? »

Nous réfléchissons quelques secondes avant d'éclater de rire. Nos richesses se bornent à quelques papiers personnels dans un porte-documents en cuir, le chapelet de la grand-mère de Fernando, la montre gousset de son père, les bracelets de naissance de mon fils et de ma fille, quelques bijoux… Je dis que j'ai trouvé :

« J'y rangerai ma réserve de chocolat à 90 % de cacao, mon vinaigre balsamique de cinquante ans d'âge, et… »

Je ne peux pas continuer parce qu'un des

Albanais vient m'interrompre. Jusque-là, il s'est contenté de déplacer des cartons d'une pièce vers l'autre. Je tente de lui expliquer une fois de plus que tout a été numéroté, que chaque chose a une place précise, mais je renonce et descends voir comment se débrouillent les autres. Un des carabiniers m'a l'air inoccupé, aussi je lui demande de m'aider à virer un canapé dont nous ne voulons pas jusque dans la grange. Fernando me lance des regards menaçants qui signifient : tu ne peux tout simplement pas exiger d'un membre de la police militaire italienne qu'il soulève d'un côté un sofa recouvert de velours marron moisi et pesant deux cents kilos, pour le descendre par un escalier étroit, tandis que tu tiens l'autre côté. Tu risques de le faire trébucher sur ses belles bottes noires.

Je pense alors à l'instant où j'ai découvert l'appartement de Fernando au Lido, le jour de mon arrivée à Venise. C'était l'antre d'un ascète, Savonarole aurait pu vivre là. Il n'y avait rien qui ressemblât à une quelconque décoration, mais des couches de poussière qu'aucun chiffon n'était venu ôter depuis des lustres. Ici, en Toscane, la tâche va être beaucoup plus facile.

Je m'aperçois qu'un petit groupe d'habitants du village s'est rassemblé dans le jardin, bras croisés ou mains derrière le dos. Je les salue, me présente et explique à quel point nous sommes heureux de venir habiter ici. Je m'approche d'une des femmes et lui demande si elle pourrait nous recommander quelqu'un qui aurait le temps de nous donner un coup de main.

« *Buongiorno, signora, sono molto lieta di conoscerla,* bonjour madame, je suis très heureuse de faire votre connaissance, dis-je en lui tendant la main.

— *Il piacere è mio, mi chiamo Floriana,* me répond-elle, tout le plaisir est pour moi, je m'appelle Floriana.

— *Ci serve un pò di aiuto,* nous aurions besoin d'aide.

— *Ci mancherebbe altro,* c'est le moins que nous puissions faire », dit-elle, comme si elle avait déjà tout prévu.

Nous disposons, Fernando et moi, de deux balais neufs, d'un seau en plastique, d'une serpillière et de quelques flacons de produits nettoyants à l'essence de pin — c'est-à-dire trois fois rien. Nos nouveaux voisins disparaissent et reviennent presque aussitôt avec leurs propres munitions : des litres en bouteilles plastique d'un alcool rose, des sacs remplis de chiffons et des balais de taille industrielle.

Nous avons bientôt trois laveurs de carreaux, un balayeur en bas et un à l'étage, tous les armes à la main. La maison a été rénovée il y a moins d'un mois, donc il s'agit plutôt d'un nettoyage « cosmétique ». En quatre heures, à peine, la situation s'est nettement améliorée. Les vitres étincellent, les sols sont propres, tout a été épousseté, la salle de bains est impeccable. Les cartons soigneusement numérotés ont été empilés dans les pièces qu'il faut. Floriana met des draps propres, bordés de dentelle rouge foncé, dans notre lit jaune à baldaquin que Fernando a assemblé avec l'aide de deux carabiniers. Et durant tout l'après-midi notre troupe au complet a eu pour seul soutien des gobelets en papier de Ferrarelle tiède en provenance de Venise.

Nous nous consultons brièvement, Fernando et moi et, comme il est déjà six heures, nous invitons tout le monde à nous rejoindre pour l'apéritif au bar du village, le Centrale. Nos policiers semblent avoir envie de faire une bonne pause et ne manifestent aucun désir de s'en aller. Seuls les Albanais échangent des regards furtifs, comme pour s'indiquer mutuellement la meilleure façon de filer en douce. Les carabiniers font ceux qui ne remarquent rien, ils doivent avoir décidé depuis un moment déjà qu'ils les laisseront partir sans autre forme de procès. Nous grimpons donc tous jusqu'en haut de la colline, les uns à pied, les autres en voiture, tous fatigués mais satisfaits du travail accompli, ayant bien gagné le droit de boire et de manger enfin.

Au Centrale, on nous sert d'abord des Campari soda, puis du vin blanc et enfin du rouge, le tout accompagné de bols remplis de belles olives noires. Puis nous parvient une odeur propre à éveiller l'appétit de n'importe qui. Sur des serviettes blanches reposent des piles de beignets dorés, des beignets de fleurs de courgettes dodus et veloutés, absolument irrésistibles.

Cela fait six heures à peine que nous sommes arrivés à San Casciano dei Bagni, un minuscule village toscan, et me voilà déjà attirée comme par un aimant dans une toute petite cuisine où s'affairent deux femmes en tablier bleu et bonnet blanc. Leurs gestes sont précis : il s'agit de passer les fleurs à l'eau, de retirer la tige et le pistil central, de les égoutter, puis de les plonger rapidement dans une pâte presque liquide et ensuite dans l'huile de friture brûlante. Il y a quatre marmites sur le feu et chacune reçoit douze beignets à la fois. Dès qu'une mince croûte se forme, on les retire à l'écumoire pour les poser sur une feuille de papier, avant de les transférer sur une serviette blanche. Une des cuisinières les asperge alors avec de l'eau salée. Dès qu'il y en a une bonne quantité prête, elle se tourne vers moi, d'un geste me désigne le plateau chargé et se contente d'un mot : « *vai*, vas-y », sans même me regarder. Entre cuisinières, entre « chefs », on se comprend. Cette familiarité immédiate me plaît.

Et me voilà en train d'offrir ces délicieux beignets à nos invités. Je me cacherais bien quelque part pour en dévorer deux ou trois, mais je me retiens. Chacun se sert, un verre à la main, et on ne me laissera au final que quelques miettes que je suce au bout de mes doigts. Un deuxième plateau va suivre et personne ne semble prêt à dire *arrivederci*.

Des *bruschette* arrivent alors, des tranches de pain grillées au feu de bois, trempées dans une bonne huile locale et salées. Cette fois, Fernando et moi allons conférer avec Bice et Monica, les deux femmes aux fourneaux. Nous sommes désormais dix-sept et Monica nous explique que chacun des habitants du village est attendu chez lui pour dîner. Mais je n'ai pas besoin de m'inquiéter. Floriana prend les choses en main, comme elle l'a fait chez nous un peu plus tôt. On sort des tables qu'on rapproche les unes des autres sur la petite terrasse, on y étale des nappes en plastique, on y installe assiettes, verres, couverts et cruches remplies de vin. Et, en un rien de temps, la place du village se transforme en une joyeuse salle à manger.

Le *fornaio*, le boulanger, est appelé à la rescousse. Il arrive en vélo et extrait de son porte-bagages des pains de la taille d'une roue de voiture qu'il dispose artistiquement sur les tables. Puis il recule d'un pas, pour admirer le spectacle et nous explique qu'ils étaient destinés à une *osteria* de Piazze et aux habitants d'un château à Fighine. « Tant pis pour eux, ils mangeront une fournée d'hier », déclare-t-il en remontant en selle, non sans nous avoir demandé de lui garder trois places au dîner. Chacun et chacune est allé chercher à la maison ce qui était prêt pour le repas familial et les voilà qui reviennent tous, maris, épouses, enfants, portant qui une marmite, qui une casserole. Je remarque que les femmes ont toutes ou presque une jupe droite bleu marine, un tablier à fleurs noué par-dessus, un fichu sur la tête, d'où dépassent quelques mèches et aux pieds des pantoufles en tissu éponge rose. Elles bavardent comme pépient des volées de moineaux.

Un homme, que tous appellent Barlozzo et qui semble être le chef du village, circule entre les tables, il déplace une assiette, sert du vin à quelqu'un, tapote amicalement l'épaule des uns et des autres. Il doit avoir plus de soixante-dix ans, il est très grand et mince, avec des yeux si noirs qu'ils étincellent comme des morceaux de silex. Je qualifierais son apparence de rugueuse, mais il a aussi quelque chose de fascinant. Beaucoup plus tard, je découvrirai que ces yeux-là deviennent gris quand leur regard s'adoucit, parfois dans l'instant de calme qui précède une tempête, qu'elle soit personnelle ou non. Son épaisse chevelure est d'un blanc encore teinté par endroits de blond, comme pour indiquer qu'il est à la fois très jeune et très vieux. Barlozzo va devenir pour moi un mage, un professeur de vie, l'âme même de ce village.

À peine ont-elles fait un triomphe avec leurs beignets de fleurs de courgettes que Bice et Monica reviennent avec des plats de prosciutto et des salamis — « *cose nostre*, production maison », précisent-elles, pour bien signifier qu'ici les familles élèvent leurs porcs et confectionnent leur propre charcuterie. Il y a aussi des *crostini*, des petits morceaux de pain grillés d'un côté, puis trempés dans du bouillon chaud et tartinés de foies de volaille hachés, avec des câpres et un zeste de citron. Surgissent ensuite deux grosses marmites de *pici*, des pâtes faites à la main, avec une sauce simplissime et exquise à la fois : des tomates vertes crues écrasées, de l'ail, de l'huile d'olive et du basilic.

Plusieurs femmes ont apporté de chez elles des casseroles de soupe. On m'explique qu'en

Toscane une soupe est souvent servie en début de repas, que ce soit au déjeuner ou au dîner. Personne ne semble se soucier que cela refroidisse, pendant que nous dévorons les *pici.* J'apprends alors qu'on déguste ici le potage à la température de la pièce, agrémenté d'un filet d'huile d'olive et d'une pincée de *pecorino,* du fromage de brebis râpé. « Le goût est meilleur *quando la minestra è servita tiepida,* me dit Floriana, qui est assise en face de moi. Les gens veulent toujours que ce soit servi très chaud, mais ils se brûlent le palais et perdent le véritable goût. Tiède, c'est mieux. »

Il y a différentes soupes sur les tables : l'une à base de riz et de gruau d'avoine, une autre faite de pain trempé dans de l'eau et parfumée à l'ail, à l'huile d'olive, au romarin et au poivre noir, une troisième aux gros haricots blancs à la tomate et à la sauge, une quatrième aux pois nouveaux cuits dans du bouillon avec beaucoup d'herbes aromatiques.

Les plats qui suivent sont eux aussi à base d'ingrédients très simples. Floriana découvre un plat à four ovale où a cuit un *polpettone,* une sorte de pain de viande. Elle me donne la recette : « Du veau, du poulet et du porc haché, à parts égales, plus une grosse tranche de mortadelle, coupée menu, à la main, bien sûr. On ajoute des œufs, du parmesan, de l'ail, du persil, avant de glisser à l'intérieur de la préparation des œufs durs et des tranches de salami. Après quoi, au four jusqu'à ce que l'odeur vous donne faim. C'est le moment où ce sera cuit. » Floriana m'a expliqué tout cela sans que je pose la moindre question. Pour elle, le *polpettone* semble être une merveille architecturale locale et il est bon que je la connaisse.

La merveille ne doit pas peser plus d'une livre et deux femmes font circuler les leurs, dans une version un peu différente, en coupant des tranches très fines pour que chacun — nous sommes trente à table — puisse y goûter.

Ce n'est pas fini. La femme du boulanger propose une *faraona*, une pintade rôtie entourée d'olives vertes et noires. Sa voisine a apporté une longe de porc farcie aux herbes et cuite sur un lit de branches de romarin. Voici aussi une marmite de tripes, avec tomates, oignons et vin blanc, qui a dû cuire à petit feu toute la journée. Chacun de ces plats, plus quelques autres, était prévu pour deux ou trois personnes, pas plus. Ce qui n'empêche pas les exclamations d'admiration : « *Ma chi può mangiare tutta questa roba ? Che spettacolo !* Mais qui peut manger tout cela ? Quel spectacle ! »

Chacun goûte une bouchée ou deux de ce qui se trouve à proximité, sauce avec un morceau de pain, boit une gorgée de vin, prend grand soin de passer à ses voisins les plats qui se succèdent, demande si quelqu'un veut un peu plus de ceci ou cela.

Plusieurs convives semblent avoir au moins cinquante ans et quelques-uns, vingt ou trente ans de plus. Mais les plus jeunes font preuve de la même sollicitude que leurs aînés. Une très jeune fille remplit l'assiette de sa grand-mère, découpe sa viande, lui recommande de faire attention aux petits os dans le ragoût de lapin et veut savoir si elle a bien pris ses médicaments. Un gamin, qui ne doit pas avoir plus de dix ans, coupe du pain et recommande à son petit frère de ne pas s'approcher du couteau, « il ne faut jamais faire ça ». Il y a dans ce dîner quelque chose de calme, de gracieux, qui évoque pour moi un tableau des années vingt. Ou peut-être même du siècle précédent. Je demande à Floriana si tout est si différent d'un dîner d'autrefois. Elle pose alors la question à l'assemblée, mais chacun semble répondre pour soi, plus que pour les autres.

La voix de Barlozzo s'élève : « Ce soir, personne n'ira se coucher sans souper. » Il croise et décroise ses longues jambes, allume une cigarette et recule un peu sa chaise. Sa phrase a provoqué des petits rires discrets, comme si elle avait évoqué de vieux souvenirs.

Un vieil homme au visage buriné, le corps massif, en chemise empesée, déclare soudain, comme pour rendre l'atmosphère plus légère : « Je prendrais bien pour femme celle qui a préparé ce ragoût d'agneau. » Là, les rires fusent de bon cœur. Floriana se penche vers moi et me chuchote :

« Il a quatre-vingt-treize ans et a déjà enterré quatre femmes. Personne n'a plus envie de tenter sa chance avec lui. La dernière avait seulement soixante-trois ans quand elle est morte. Elle était un peu trop grosse, mais quand même en parfaite santé. Un jour, Ilario, cet homme-là, donc, est allé aux champignons. En rentrant, il en a fait cuire une fricassée pour le repas de sa femme. Une heure après, elle était morte. On a dit que c'était le cœur. Mais nous savons tous que c'était la *frittata.*

— Est-ce que Ilario en avait mangé aussi ? »

Je n'ai pas pu m'empêcher de poser la question.

« Il n'y a que lui qui peut répondre à ça et il ne l'a jamais fait. »

Je trempe des petits morceaux de pain dans mon verre de vin et les mange en regardant Fernando assis à l'autre bout de la table. Il semble avoir captivé tous les hommes et les femmes qui l'entourent. Ils s'amusent à comparer leurs dialectes et leurs prononciations respectives et applaudissent quand mon mari prononce une longue phrase en pur vénitien. Floriana se lève et commence à remettre un peu d'ordre, elle balaie du revers de la main les miettes restées sur les tables, empile des assiettes… Nous échangeons soudain un regard et elle s'approche pour me dire à mi-voix : « *Tutto andrà bene, tutto andrà molto bene, vedrai!* Tout ira bien, tout ira très bien, vous verrez. »

Barlozzo est maintenant debout juste derrière elle, un verre à la main, cigarette aux lèvres. On dirait qu'il a relâché sa surveillance sur l'ensemble de la soirée. Excepté en ce qui concerne Floriana, qu'il ne quitte jamais longtemps des yeux. Est-elle son amour secret ? Est-il son amant clandestin ? Il a sûrement entendu ce qu'elle vient de me dire. Je le regarde, je l'observe, et je sais qu'il le sait.

Bice vient déposer devant moi une petite assiettée de *panna cotta*, une crème prise épaisse, arrosée d'un coulis de fraises. Je me prépare à y enfoncer ma cuiller quand un homme qui me dit s'appeler Pioggia vient s'asseoir sur la chaise à côté de la mienne et me demande si j'ai déjà rencontré Assunta. Je réponds que non, je ne crois pas. Il me désigne alors du doigt un jeune homme en jeans et tee-shirt.

« Voilà Piero. Et Assunta est sa plus belle vache. Elle a les yeux bleus. C'est la seule vache que je connaisse à avoir les yeux bleus. »

Devant mon expression de stupéfaction, il précise :

« Enfin, peut-être pas tout à fait bleus, mais sûrement pas marron. Disons gris et brun avec des petites taches bleues. C'est ravissant. Ce matin, je suis allé la traire et j'ai rapporté son lait directement à Bice. Je ne fais cela qu'avec le lait d'Assunta, celui des autres vaches va directement à la coopérative pour être pasteurisé et perdre son goût. C'est pour éviter cela que je livre à Bice au moins trois fois par semaine un bidon de six litres. Allez, *prova, prova,* me dit-il, goûtez, goûtez. »

En bonne Américaine, je frémis en réalisant qu'entre le pis d'Assunta et mon assiette, il n'y a que le bidon de Pioggia et la casserole de Bice. Mais, bon, je ne peux pas reculer et la *pana cotta* est absolument délicieuse, je dévore tout et lèche même ma cuiller. Pioggia est rayonnant.

Une *crostata* est à portée de fourchette, un peu plus loin sur la table, mais Pioggia observe le moindre de mes gestes et je me dis que, si je veux y goûter, il va me raconter une incroyable histoire à propos des abricots qui trônent sur la pâte dorée et m'affirmer, par exemple, qu'ils proviennent du seul arbre de Toscane près duquel des druides vivent encore…

Nous disons « *buona notte* » à tout le monde et remarquons alors les carabiniers penchés sur une carte avec des lampes de poche, en train d'indiquer aux Albanais le chemin le plus court pour rentrer à Venise. Nous, nous allons rester ici.

Depuis trois ans que nous vivons ensemble, nous avons pas mal voyagé, Fernando et moi, mais nous sommes toujours revenus dans notre petit appartement du Lido. Cette fois-ci, c'est fini, nous l'avons vendu et nous nous retrouvons sans maison, sans travail, avec seulement des idées assez vagues sur ce que sera notre avenir. Nous aurions vraiment intérêt à renouveler nos vœux de mariage, « pour le meilleur et pour le pire, dans la richesse et dans la pauvreté ». Mais voilà : Fernando a voulu changer complètement de vie, repartir vers de nouvelles aventures en faisant table rase de son passé de paisible employé de banque à Venise. Je ne suis pas sûre d'avoir entièrement compris pourquoi. On dirait tantôt un enfant qui fait une fugue, tantôt un adulte qui veut échapper à d'anciennes déceptions, à de vieilles et profondes douleurs. Évidemment, je suis contente de le voir aussi gai et heureux que ce soir. La chaleureuse bienvenue que vient de nous offrir notre petit village toscan est de bon augure pour notre nouvelle vie, certes, mais saurai-je m'adapter une fois de plus à un tel changement ? La vagabonde en moi va-t-elle tenir bon ?

Je laisse Fernando entrer dans la maison, tandis que je m'attarde quelques instants dehors et que la tristesse d'avoir quitté Venise me submerge. J'essaye de me raisonner : « Voyons, regarde la campagne toscane autour de toi. Tout le monde a envie de venir vivre ici. À Venise, il n'y a pas de cyprès, pas d'oliviers, pas de vignes, pas de moutons, pas de champs de blé, pas de tournesols, pas de coquelicots. Même pas un buisson de lavande, comme dans ce jardin, si touffu qu'on pourrait s'y cacher. » Je m'efforce de ne pas penser à la mer, à la lumière, à la beauté de Venise, qui n'ont jamais cessé de m'émerveiller. C'est bien de tout redémarrer ici, dans ce village d'à peine deux cents habitants, blotti là où la Toscane, l'Ombrie et le Latium se rejoignent, sur une terre si ancienne que le temps semble s'y être arrêté. J'entends Fernando aller et venir dans la maison, au milieu des cartons encore empilés. Il chantonne, c'est une musique douce.

Je rentre à mon tour et vais directement à la salle de bains aux murs couverts de carreaux en céramique couleur puce. Je remplis la baignoire et, une fois que nous nous sommes tous les deux assis dans l'eau parfumée aux sels de vanille, j'interroge Fernando :

« On peut peindre sur de la céramique ?

— *Cristo !* s'exclame-t-il. Nous venons à peine d'arriver et tu veux déjà repeindre des carreaux neufs ! Pourquoi faut-il que tu veuilles toujours tout changer, tout redécorer ?

— Je n'aime pas la couleur puce.

— *Che cos'è puce ?* C'est quoi, puce ?

— C'est la couleur de ces carreaux, un mélange de brun, de vert et de rouge foncé. Je déteste ça. On pourrait simplement les décoller et les remplacer par d'autres, dans les tons terre cuite. Ou alors blanc et noir, comme nous l'avions fait à Venise. Ça te plairait, n'est-ce pas ? J'accrocherai des miroirs dans des cadres dorés, la petite lanterne baroque qui était là-bas dans l'entrée, je disposerai autour de la baignoire des bougies parfumées et sur l'étagère des corbeilles remplies de jolies serviettes-éponges et de beaux savons. Cela deviendra un endroit très sexy. »

Mais ma voix perd de sa conviction, je sens bien que je suis battue d'avance. Fernando proteste :

« Pourquoi faut-il qu'une salle de bains soit sexy ? C'est une jolie femme qui doit l'être. »

Et il saisit mon visage entre ses deux mains...

J'ai l'impression que quelque chose ne va pas avec le lit, il est de travers, le baldaquin est plus haut d'un côté que de l'autre. Mais j'apprécie la délicieuse fraîcheur des draps. Quel bonheur de se reposer enfin après une telle journée. D'être étendue contre quelqu'un qui est prêt à vous serrer contre lui... Fernando s'endort et moi je réfléchis à tout ce qui vient de se passer aujourd'hui, à ce qui fait déjà partie de notre vie « d'avant ». Avons-nous quitté Venise ce matin seulement ? La mer me manque. J'ai envie d'aller faire un tour sur la plage, de sentir l'écume des vagues s'enrouler autour de mes chevilles. Bon, je n'arrive vraiment pas à dormir. Alors je me lève, enfile la robe de chambre de Fernando et sors sur la terrasse.

La cloche de l'église sonne, il est minuit et quart. Ma première amie toscane est une cloche qui sonne tous les quarts d'heure. J'entends le bêlement des moutons dans les champs voisins. Je contemple le ciel, si différent de celui de Venise, plus haut encore, plus lointain. Je me dis que j'ai une histoire, un passé, l'amour de mes enfants que j'aime tant, celui de l'homme qui dort dans notre lit jaune et que j'aime, lui aussi, de tout mon cœur. J'ai mes deux mains. Et je sens un frisson me parcourir, un mélange de peur et de désir de découvrir d'autres choses, de rester curieuse, en alerte. Cela me réconforte — me protège.

BEIGNETS DE FLEURS DE COURGETTES ET DE LÉGUMES VARIÉS

300 grammes de farine ;
1/4 de litre de bière ;
1 verre d'eau ;
2 cuillerées à café de sel ;
3 cubes de glace ;
de la très bonne huile à friture ;
des fleurs de courgettes, dont on aura retiré la tige et le pistil central, ou des fleurs de capucines, des feuilles de sauge, de céleri,

etc., bien lavées et égouttées; on peut aussi prévoir des petits oignons nouveaux et des échalotes;

de l'eau salée à pulvériser.

Dans un saladier, battre à la fourchette la farine, la bière, l'eau et le sel pour obtenir une pâte très fluide. La laisser reposer à la température de la pièce environ une heure. Ajouter les cubes de glace, laisser reposer encore trente minutes. La pâte devrait avoir la consistance d'une crème un peu épaisse.

Chauffer l'huile à feu moyen dans une sauteuse assez profonde ou une bassine à friture. Y faire tomber un petit morceau de pain : s'il dore en quelques secondes, l'huile est à la bonne température.

Tremper les fleurs de courgettes, les feuilles, les oignons, etc. dans la pâte, les secouer pour enlever l'excès et les jeter dans l'huile moins d'une minute, jusqu'à ce qu'une jolie croûte se forme. Les retourner une fois, puis les sortir avec une écumoire et les poser sur du papier absorbant. Asperger à l'eau salée. À dévorer très chaud. Le plus convivial est de réunir ses invités autour du fourneau, chacun se servira à tour de rôle dès les beignets sortis de l'huile !

2

Des figues et des pommes en train de sécher

C'est déjà le lendemain matin et je viens à peine de m'endormir. Or voilà que quelqu'un s'acharne sur ce qui doit être la sonnette de la porte. J'entrouvre les yeux, pour apercevoir une bande de ciel rosé entre les deux rideaux de dentelle accrochés à la fenêtre par notre propriétaire, la signora Lucci. Je me lève, remets la vieille robe de chambre de Fernando et me dirige, pieds nus sur le carrelage, de notre chambre à l'entrée. J'entrebâille et découvre sur le seuil un sac en plastique boueux rempli de fleurs de courgettes attachées en plusieurs bottes. Pas de carte, pas de petit mot. Je me penche pour voir s'il y a quelqu'un dehors, mais non, personne. Je suis pratiquement certaine qu'il s'agit d'un cadeau de Barlozzo. J'emporte toutes ces merveilles à la cuisine — grande comme celle d'une maison de poupées — et les dispose dans l'évier, où elles semblent complètement disproportionnées. Mais ce n'est pas sans charme. Je croise Fernando dans l'escalier, puis l'entend s'exclamer « *ma guarda che roba,* mais regardez-moi ça », avant de se mettre à chercher partout la machine à café. J'enfile alors un pantalon et des sandales, et lui crie : « Pourquoi ne pas courir jusqu'au Centrale et boire nos *cappuccini* là-bas ? »

Au bar, nous retrouvons quatre des convives de la veille, exactement là où nous les avions quittés. S'ils ne s'étaient pas changés — ils n'ont plus leur costume du dimanche —, on pourrait croire qu'ils n'ont pas bougé. Il est sept heures et demie du matin et ils en sont déjà au vin rouge, accompagné de *caffè corretto*, c'est-à-dire arrosé de grappa. Ils nous saluent, disent qu'ils sont ravis de nous revoir et quand nous déclinons leur offre de boire la même chose qu'eux, expliquant que nous ne renoncerons pas à un bon cappuccino bien crémeux et mousseux, ils déplorent le fait que nous ayons une si petite nature.

Nous voulons payer la note pour le dîner de la veille et demandons à voir le ou la propriétaire. Une femme aux yeux couleur d'huître, un peu larmoyants, se présente, elle s'appelle Vera et nous prie de venir nous asseoir à une table près de l'entrée de la cuisine. Armée de plusieurs petits bouts de papier — j'en vois un où est marqué *due chili di pomodori*, deux kilos de tomates, un autre avec *affettati*, les tranches de salami, et d'autres encore que je ne parviens pas à lire à l'envers —, Vera se met à compter à voix haute, dit qu'elle s'est trompée, recommence son addition et demande finalement à Fernando de la faire à sa place. Il s'exécute, écrit la somme et, stupéfaite, elle s'exclame : « *Ma è così tanto ?* Cela fait vraiment autant ? *Contiamoci un'altra volta,* recomptons encore une fois. » Fernando l'assure que c'est exact et sort son portefeuille. Le regard des yeux couleur d'huître se trouble un peu et Vera propose : « *Senti, puoi pagare un pò ogni mese,* écoutez, vous pouvez payer un petit peu chaque mois. »

L'addition pour les apéritifs, les *bruschette,* au moins cent cinquante beignets, des plats entiers de salami et de prosciutto, plus de deux kilos de grosses pâtes et un flot de vin rouge, s'élève au prix d'un léger déjeuner pour deux au Harry's Bar, à Venise. Il n'y a pas de comparaison entre le coût de la vie d'un rat des villes et celui d'un rat des champs. Nous tentons de calmer les inquiétudes de Vera. C'est alors que Barlozzo fait son entrée.

Il y a quelque chose de Gary Cooper dans son allure, et j'apprendrai bientôt qu'en général il n'apparaît que vers midi. Pas de mots aimables, même pas un *buongiorno,* il se contente de demander si j'ai bien mis les fleurs au frais. Il veut aussi savoir comment j'ai l'intention de les cuire. Je lui dis que j'ai pensé d'abord à une *frittata* et ensuite à des beignets, comme ceux de Bice et Monica la veille. Je ne me suis pas rendu compte que ma simple réponse avait quelque chose de provocant. Les clients du bar se taisent soudain et s'agitent un peu sur leurs sièges. Puis un par un, ils se lèvent et s'approchent de la table où nous sommes toujours installés, en compagnie des yeux couleur d'huître qui ont maintenant perdu leur regard inquiet.

« *Ma perchè non un condimento per la pasta ?* Mais

pourquoi ne pas assaisonner des pâtes avec ? demande un homme dont les bretelles de satin bleu sont vaillamment tendues sur son tee-shirt blanc avant de disparaître dans les replis de sa bedaine.

— *Oppure una bella schiacciata ?* Ou alors pour garnir une belle tranche de pâte à pain ?

— *No, no, no. Oggi ci vogliono i fiori crudi con un mazzo di rucola, due foglie di basilico, un pomodoro, ancora caldo dai raggi del sole, un goccio d'olio. Basta !* Non, non, non, aujourd'hui vous voulez manger les fleurs crues, avec une poignée de roquette, deux feuilles de basilic, une tomate encore chaude des rayons du soleil et une goutte d'huile. C'est tout ! »

Tant de passion mise à discuter de ces quelques fleurs de courgettes ! Mais moi aussi je suis fascinée par ces gracieuses beautés jaunes, j'en ai cultivé pendant des années, dans mon jardin et, quand je n'en avais pas, dans ceux de mes amis. Toutes les espèces de cucurbitacées, potiron, citrouille, courge et donc courgette, donnent des fleurs — du genre masculin et du genre féminin, ces dernières étant les plus grandes, en forme de cloche. J'ai remarqué ce matin que celles apportées par Barlozzo devaient sûrement être féminines. Je demande :

« *Come mai quasi tutti i fiori in questa zona sono femminili ?* Comment se fait-il que presque toutes les fleurs par ici soient des filles ? »

Ma question déclenche une explosion de gros rires et c'est l'homme aux bretelles bleues qui me répond :

« Parce que nous avons de la veine. »

Pour changer de sujet, je tente de dire que nous devons maintenant aller faire des courses, pour garnir un peu notre garde-manger, mais c'est stupide de ma part de croire que je peux me mêler à leur conversation. Ils sont tous en train d'échanger des recettes secrètes — on dirait qu'ils récitent les vêpres —, cette histoire de courgettes ayant stimulé leur imagination. Nous leur disons au revoir sans même qu'ils s'en aperçoivent et sortons du bar, Barlozzo sur nos talons. Il nous explique :

« Ils savent tous qu'il n'y a que trois sujets qui vaillent la peine qu'on en parle : le temps qu'il fait ou qu'il va faire, car ce sont tous des paysans et cela les concerne de près ; les morts et les naissances, aussi bien d'animaux que d'êtres humains ; enfin ce que nous mangeons, que ce soit les repas de la veille ou ce qui sera préparé aujourd'hui et demain. Ces trois sujets-là englobent tout, d'une manière ou d'une autre, la philosophie, la psychologie, la sociologie, l'anthropologie, la physique, l'histoire, l'art, la littérature et la religion. Ce qui compte, dans la vie, c'est la table et le lit. Tout ce que nous faisons nous ramène à l'une ou à l'autre. »

Nous le remercions pour ses fleurs et lui demandons de venir partager notre premier déjeuner à la maison, mais il refuse et propose à la place de nous retrouver à quatre heures, au cas où nous aurions besoin d'aide pour finir de nous installer. Il dit cela comme s'il s'agissait d'un travail qu'il doit absolument faire. Il ajoute, en baissant la voix, qu'il pourra nous raconter tout ce que nous avons à savoir sur la maison.

En haut de la piazza se trouve la boutique de fruits et légumes de Sergio. Nous sommes à la recherche de ce qui pourrait agrémenter notre repas de fleurs. Sergio suggère un *fritto misto*, un mélange de légumes et d'herbes aromatiques. Il nous tend une poignée de feuilles de sauge, chacune longue et veloutée comme une oreille de lapin, arrache quelques branches de céleri, ajoute des haricots verts. Il nous demande si nous aimons les pommes de terre et, sans attendre notre réponse, va en prendre dans un carton. Elles ne sont pas plus grosses que des cerises et ont la peau jaune, encore couverte de terre.

Quatre marches plus haut — la piazza est en pente —, en direction de l'église et de la mairie, il y a une *gastronomia*, où nous achetons de la farine, du sel et de la bière pour la pâte à beignets, plus de l'huile d'arachide pour la friture. Je demande aussi des œufs. Le patron hoche la tête en me lançant un regard plein de pitié. Nous n'avons qu'à nous arrêter au poulailler au pied de la colline, tout près de chez nous, dit-il, et nous servir directement.

Juste à côté de la *gastronomia*, nous trouvons l'*enoteca*, le marchand de vins, où nous achetons une bouteille de Vernaccia et une d'huile à touristes, comme Barlozzo l'appellera plus tard. C'est un joli flacon d'un litre, rempli d'un produit de troisième catégorie, qui coûte plus cher qu'un bidon de cinq litres de la meilleure huile qui soit, si on va l'acheter directement au pressoir. Nous avons encore beaucoup à apprendre...

Il y a un boucher, un bijoutier, un antiquaire, deux autres épiceries à peu près de la taille d'un placard chacune — et voilà de quoi se compose la partie commerciale du *centro storico.* Il va nous falloir encore une journée sans la moindre sucrerie avant de découvrir une *pasticceria,* dissimulée derrière l'église et la fameuse boulangerie à la sortie du village.

Cela ne m'est jamais arrivé d'aller chercher des œufs directement sous la poule. Fernando, lui, n'a jamais *vu* une poule. Nous nous courbons tous les deux pour entrer dans la cabane où perche une douzaine de créatures dodues. Aucune ne bouge. Je m'approche avec précaution de l'une d'entre elles et lui demande si elle n'a pas un œuf ou deux pour moi. Pas de réponse. Je repose la question en italien. Toujours rien. Je suggère à Fernando de la soulever, mais il est déjà ressorti pour aller fumer une cigarette dehors. Il m'annonce qu'il n'aime pas les œufs, ni la *frittata* d'ailleurs. Deux fameux mensonges. J'essaye de faire bouger la poule, elle dégringole de son perchoir et je découvre dans son nid deux jolis œufs bruns. Je m'en empare et les fourre dans mon sac. Il m'en faut deux autres. Je regarde autour de moi et choisis parmi ces dames une voisine de la première qui me semble docile. Mais elle me donne un si violent coup de bec dans le poignet que je la lâche. Je vois qu'il n'y a finalement rien dans son nid, m'excuse de l'avoir dérangée et me tourne vers une troisième, sous laquelle je réussis à prendre un œuf, d'une couleur plus claire, encore chaud et couvert de petits bouts de paille. Voilà que le matin de mon premier jour en Toscane, j'ai déjà cambriolé un poulailler !

Maintenant dans ma cuisine, je bats les œufs à la fourchette — le jaune est orange citrouille —, j'ajoute un peu de sel, du poivre, une cuiller à soupe de vin blanc et une petite poignée de parmesan râpé. J'extrais d'un carton ma plus large sauteuse, y fais couler un peu de mon « huile à touriste », pour bien recouvrir tout le fond et la pose sur feu doux. J'y jette les fleurs de courgettes lavées et séchées que je laisse mijoter une ou deux minutes, puis les feuilles de basilic et quelques graines de fenouil. Je monte alors la flamme, verse les œufs sur les légumes, la *frittata* dore d'un côté et je la fais glisser sur un plat, en y ajoutant un peu de basilic frais et un trait de vinaigre balsamique.

Pendant qu'elle refroidit, nous jetons dans la pâte à frire, puis dans de l'huile de friture les feuilles de sauge et de céleri. Notre cuisine est minuscule, encore plus petite que celle de Venise, c'est dire. Nous avons tout juste la place d'y faire un pas de côté à tour de rôle devant le fourneau, ce qui nous fait ressembler à deux danseurs de samba tandis que nous attrapons les beignets avec les doigts et les dévorons sur place. Après quoi, nous emportons la *frittata* et deux verres de Vernaccia sur la terrasse.

Je demande à Fernando :

« Que penses-tu de tout ça, du début de notre nouvelle vie ?

— J'éprouve un mélange de différents sentiments. J'ai un peu peur. En même temps, je suis très excité. Je n'arrive pas à réaliser complètement que je ne suis plus obligé d'aller à la banque, que nous n'avons plus notre appartement du Lido. C'est exactement ce que je voulais, et pourtant ça me semble encore irréel. Et notre nouvelle maison ne ressemble à aucun des endroits où j'ai vécu avant. Les pièces ont des formes bizarres, comme je n'en ai jamais vu. Et c'est si grand ! »

En tout et pour tout, Fernando n'a habité que deux microscopiques appartements jusqu'à aujourd'hui, situés à moins de cinq cents mètres l'un de l'autre. C'est pourquoi ce bâtiment de ferme reconverti lui paraît immense. Moi, il m'intrigue, par son côté rugueux, primitif, en quelque sorte. De l'extérieur, on dirait une maison abandonnée, où on aurait beaucoup souffert. Fernando, qui boit son vin à petites gorgées, n'est pas vraiment d'accord :

« Bon, ce n'est évidemment pas la Cà d'Oro, mais je ne ressens pas cette impression de souffrance. Plutôt de résistance à quelque chose.

— Tu sais que nous allons devoir nous passer de confort : pas de chauffage central, pas de téléphone, pas de télévision…

— Oui, mais nous inventerons d'autres choses… »

Et il me sourit tendrement, ce qui le fait aussitôt ressembler à l'acteur Peter Sellers. Voilà trois ans que j'ai quitté l'Amérique pour venir l'épouser et vivre avec lui en Italie. Que ce soit à Venise ou en Toscane, maintenant, ma première préoccupation n'a jamais été notre appartement ou notre maison, mais lui, Fernando.

Nous nous sommes trouvés l'un l'autre et nous voulons désormais recommencer une vie débarrassée du superflu, une vie au rythme de la campagne, *a misura d'uomo*, comme on dit ici, à la mesure de l'homme. *Dolce e salata*, douce et salée en même temps. Nous allons prendre notre temps, voir venir, sans essayer de reconstruire quelque chose trop vite. Ce serait une erreur, comme nous n'avons pas encore déterminé ce que nous désirons vraiment et croyons pouvoir entreprendre.

Certains pensent parfois que, pour changer de vie, il suffit de changer d'adresse, de lieu géographique. Mais il ne s'agit alors que d'un « transfert ». Et dès qu'ils regardent autour d'eux, ils s'aperçoivent que ce qu'ils pensaient avoir laissé derrière eux les a en fait suivis.

Nous, nous ne voulons pas cela. L'idée, c'est d'abord de reprendre des forces, de tout remettre en ordre, de ne pas reproduire exactement ce qui a été.

Nous allons de pièce en pièce, montons et redescendons l'escalier. Fernando dit que c'est vraiment très vaste et j'acquiesce, en précisant qu'il faudrait quand même un bon coup de peinture ici et là, quelques tissus joliment drapés, trois ou quatre beaux meubles anciens... Fernando, qui connaît ma passion pour la décoration, est aussitôt en alerte. Il n'a pas oublié que, quelques jours à peine après mon arrivée à Venise, il a quitté un matin son petit appartement poussiéreux et en désordre, pour rentrer le soir, après son travail, dans l'antre d'un pacha, avec du brocart blanc tendu partout, l'odeur de bougies à la cannelle chassant celle de vingt ans de fumée de cigarettes.

« *Cristo !* » s'exclame-t-il.

Barlozzo arrive à quatre heures pile. Il ne sourit pas, ne parle guère et son côté très réservé, purement toscan, contraste fortement avec mon bavardage. Je tapote un coussin, que je pose sur un fauteuil pour le rendre plus confortable, m'exclame que nous sommes ravis d'avoir de la visite et propose un verre d'eau fraîche. La réponse est claire et nette : « *Acqua fa ruggine,* l'eau fait rouiller. » Je vais vite chercher du vin, nous buvons et, sans autre préambule, Barlozzo nous apprend qu'il est né dans cette maison : « À l'étage, dans la petite pièce à l'ouest. Au rez-de-chaussée, où nous nous trouvons maintenant, il y avait les animaux, les vaches laitières et une mule dans votre salon, leur mangeoire dans votre cuisine. »

Ce détail-là m'enchante. D'un seul coup, ce minuscule espace devient pour moi très chaleureux. Notre nouvel ami enchaîne :

« Quatre générations de Barlozzo ont été ouvriers agricoles sur les terres des Lucci, vos propriétaires. J'aurais représenté la cinquième, mais, après la guerre, tout a changé. Mon père était trop malade pour travailler et j'étais plus utile en tant qu'homme à tout faire. Les Lucci possèdent huit fermes entre Piazze et Celle, et ils m'ont envoyé sans arrêt de l'une à l'autre pour réparer une toiture, retaper un mur, ou réparer les dommages causés par la guerre. »

Il se tait brusquement, reste silencieux un moment, puis reprend pour nous expliquer qu'après la mort de ses parents il est resté seul ici quelques années, avant de louer un appartement dans la ville moderne, à un kilomètre environ par la route. Après lui, personne n'a vécu dans cette maison, ou alors, à l'occasion, des saisonniers venus pour les vendanges ou la récolte des olives. Cela fait plus de trente ans qu'il n'y a pas remis les pieds. Ce qu'il ne dit pas est aussi éloquent que ce qu'il raconte. Il s'interrompt un peu entre chaque phrase et nous entendons beaucoup de choses dans chaque silence. Je lui demande s'il aimerait voir la restauration de l'étage.

Il y monte avec nous, va de pièce en pièce, dit que la cuisine familiale était dans ce qui est désormais notre chambre. Une cheminée se trouvait ici, son père suspendait les jambons pour qu'ils sèchent à cette poutre-là, après les avoir trempés dans du vin.

« Nous faisions sécher toutes sortes de choses dans la *dispensa*, la chambre qui faisait office de garde-manger : des figues et des pommes attachées par des ficelles, des tomates, des poivrons, des tresses d'oignons et de têtes d'ail. On y empilait également des grosses courges, que nous mangions de septembre à avril. Le long des murs, les étagères ployaient sous les bocaux de pêches, de cerises et d'abricots en conserve ou à l'alcool. Quand la récolte avait été bonne, bien sûr. »

Pour « alcool », il a dit *sotto spirito* et j'ai entendu *Santo Spirito,* « Saint-Esprit », ce qui le fait rire.

Nous lui montrons les deux salles de bains et il hoche la tête en marmonnant que les Lucci ont vraiment fait cela à l'économie. Il se plaint qu'il aurait fallu utiliser pour le sol et les murs les quantités de tommettes anciennes inutilisées et empilées dans la grange, plutôt que ces affreux carreaux en céramique :

« *È una tristezza, proprio squallido come lavoro,* c'est tellement triste, du travail *vraiment saboté.* Les Lucci ont dépensé le moins qu'ils ont pu des subventions de l'État. »

Nous ne comprenons pas ce que cette dernière phrase peut bien signifier, mais l'expression sur le visage de Barlozzo ne nous incite pas à lui demander des explications. Je me dis que je suis d'accord avec lui sur certains aspects de la décoration — mais je ne dois pas oublier que nous ne sommes pas venus en Toscane pour la beauté d'une maison.

Le soleil a décliné, le ciel est bleu pâle au-dessus du jardin et nous allons nous asseoir sur la terrasse. Il est un peu plus de sept heures et Barlozzo poursuit son soliloque. Il nous raconte maintenant l'histoire du village. Comme tous les bons professeurs, il a commencé par une vue d'ensemble de la question :

« San Casciano, le dernier village du sud de la Toscane, là où elle rejoint l'Ombrie et le Latium, est exactement à 582 mètres au-dessus du niveau de la mer, en haut d'une colline située entre la vallée de la Paglia et celle de la Chiana. Il date au moins de l'époque étrusque, peut-être est-il plus ancien encore, mais se développe vraiment à la période romaine. C'est à cause des bains, des sources chaudes aux vertus thérapeutiques, jaillissant du riche sol argileux, qui vont attirer les riches Romains. Avec la construction de la via Cassia, qui reliera Rome à la Gaule, San Casciano dei Bagni va être fréquenté par Horace et l'empereur Auguste.

« À la période médiévale, tout le territoire depuis Sienne jusqu'à Orvieto va être en proie aux guerres entre les Guelfes et les Gibelins. Et ce n'est qu'en 1569, quand le village se retrouve sous la protection du grand-duché de Toscane, avec à sa tête Cosme de Médicis, que les thermes redeviennent célèbres et attirent les têtes couronnées d'Europe et leurs courtisans. C'est à cause de ces personnages royaux que vous voyez dans le bourg lui-même et ses alentours des constructions plus élaborées. »

Tous ces pans d'histoire qui se sont déroulés littéralement à notre porte… Je retiens surtout que nous allons pouvoir nous baigner dans les mêmes sources qu'Octave Auguste…

Et de fait, chaque matin, nous nous levons avec le soleil et prenons les petits chemins pentus à travers les prés pour aller jusqu'aux sources bouillonnantes tremper nos pieds et parfois plus. Le contraste entre l'air encore frais et l'eau très chaude est absolument délicieux, juste avant le petit déjeuner. Une légère brise souffle par moments, qui peut devenir un grand coup de vent, annonciateur d'une pluie qui va tomber en rafales sur la terre argileuse. Nous ôtons alors nos bottes et pataugeons dans la boue comme les deux enfants que nous n'avons jamais été, mais pouvons désormais être.

Quand nous avons vraiment trop faim, nous rentrons vite à la maison, essoufflés et sentant l'herbe et le thym, nous nous lavons, nous habillons et filons au village.

Au bout de quelques jours, le rituel est au point. Quand nous passons devant sa boutique, le boulanger et sa femme sont sur la route et nous tendent des morceaux de *pizza bianca*, de la pâte à pain très fine, trempée dans de l'huile d'olive, salée et passée au four une ou deux minutes. Nous les dévorons en grimpant la petite côte — trente mètres à peine — qui mène au Centrale. Là, nous nous installons au bar et commandons des *cappuccini caldissimi e con cacao*, brûlants, saupoudrés de cacao, avec une corbeille de croissants à portée de main.

Je me le répète plusieurs fois par jour : c'est sur le chemin que nous prenons pour venir ici, et au bord duquel je cueille du fenouil sauvage, que sont passées les légions romaines. C'est peut-être dans le champ où nous avons fait l'amour la veille et bu du vin au coucher du soleil que les légionnaires ont dressé leurs feux de camp, parmi les pierres étrusques. Quand nous prenons la voiture pour aller à Urbino, je vois la maison natale de la mère de Raphaël. Dans cette église, le Pérugin est venu peindre. Si nous allons à Spolète, je sais qu'à cette porte Hannibal a été stoppé par les tribus *spoletini.* Dans les bois juste au bout de notre jardin, il y a des braconniers du dimanche qui tuent des sangliers, exactement comme les chasseurs du Moyen Âge.

Dans pratiquement chaque bourgade ou village des environs, ou même hameau, il reste une ruine d'une grande beauté, un fragment de muraille, un tableau, une chapelle, une église, une tour, un château, ou tout juste un fragment de fresque. Chacun, chacune est soigneusement préservé, quitte à être encastré au-dessus de la façade d'une pharmacie ou dans le mur de la cuisine d'un chocolatier. Ce sont des traces jamais oubliées.

Nous apprenons un peu chaque jour. Nous nous arrêtons dans chaque huilerie pour en goûter la production jusqu'à ce que nous trouvions ce qui nous convient. Nous remplissons alors notre récipient en terre cuite qui contient vingt litres. Si nous consommons un litre par semaine, cela nous mènera jusqu'en décembre, quand est pressée l'huile nouvelle.

Nous sommes sur les terres du *chianti geografico,* c'est-à-dire en dehors de la zone dénommée *chianti,* dont les vins relèvent d'une classification différente, bien que, chez nous, ils proviennent des mêmes variétés de raisins. Des bouteilles flambant neuves de cinq litres à l'arrière de la voiture, nous allons rendre visite à tous les propriétaires de vignobles offrant des dégustations gratuites. Finalement, notre choix se porte sur un Palazzone rouge dont nous décidons qu'il sera notre vin de table courant.

Chez Sergio et quelques petits horticulteurs du coin, nous allons tous les jours acheter les fruits, légumes et herbes aromatiques de la journée. Pour les œufs, je sais désormais comment faire... Nous prenons directement au moulin des sacs de dix kilos de farine de blé et de sarrasin, de deux kilos d'avoine. Nous n'avons pas encore décidé lequel des bouchers aura notre confiance, mais un grand jeune homme à Piazze, qui porte un couteau à sa ceinture Dolce et Gabanna, nous a vraiment séduits. À Querce al Pino, il y a une coopérative où on trouve tout le reste. En ce qui concerne la *lavanderia* locale, c'est bien plus qu'une simple blanchisserie. Elle fait aussi teinturerie et atelier de couture, proposant en plus des tricots faits main. La propriétaire vend en outre ses propres sirops et remontants variés. Son mari est le cordonnier du village, leur fils le garagiste et leur belle-fille la coiffeuse. Tous ces corps de métier sont installés, chacun à sa place bien définie, dans la petite cour de la maison.

Ainsi, nous avons tout ce qu'il nous faut sur place ou presque. C'est parfait. C'est ce que je voulais.

Un matin, en route vers le bar, nous apercevons Barlozzo qui prend son petit déjeuner devant le poulailler. Il se casse un œuf directement dans la bouche, boit une gorgée de rouge au goulot, s'essuie la bouche avec son mouchoir, remet la bouteille dans son sac à dos et repart. Nous lui crions de nous attendre et, une fois au bar, il reboit du vin pendant que nous sirotons nos *cappuccini*. Il nous déclare que tout ce lait va nous tuer.

Il ne nous demande jamais si et quand il peut nous rendre visite et ne se soucie pas que nous l'invitions. Il a simplement pris l'habitude de débarquer à quatre heures tous les après-midi. Et nous avons pris celle de l'attendre. Entre nous, Fernando et moi l'appelons *il duca*, le duc, mais jamais en sa présence. Toutefois, en son honneur, nous avons baptisé la maison Palazzo Barlozzo et, chaque fois qu'il nous entend le dire, il rosit de plaisir. À moins que ce ne soit parce que cela le gêne ?

Fernando et lui s'entendent très bien. J'ai l'impression de voir Gary Cooper discuter avec Peter Sellers. Quand mon mari explique que je voudrais bien avoir un four à bois dehors, Barlozzo étire ses lèvres minces de Toscan en un soupçon de sourire et déclare : « Je vais vous emmener chez un ami à moi, à Ponticelli. Il vous fabriquera *la canna fumaria e la volta*, le conduit pour la fumée et la voûte elle-même. Et il y a plein de vieilles briques qui traînent ici qu'on utilisera pour les parois du four et le foyer autour. On prendra de la terre glaise et du sable pour l'isolation et… »

Il continue, touché, je pense, par la fascination qu'il lit dans les yeux de Fernando. Mon mari a-t-il découvert son héros ? Comme deux gamins de dix ans d'autrefois, ils prennent papier et crayons, et se mettent à dessiner des modèles qui ressemblent sans doute à ce qu'un Égyptien aurait pu imaginer il y a des milliers d'années.

Je raconte à Barlozzo que nous avons vu des fours « communaux » dans des petits villages du Frioul. On les allume à minuit le vendredi soir, avec des ceps de vigne et des bûches de chêne, de telle sorte qu'on puisse commencer à les garnir le samedi à l'aube. Là-bas, le *maestro del forno*, le maître du four, est quelqu'un d'important. Il vient tout de suite après le maire, politiquement et socialement. Il surveille le degré de chaleur, note les temps de cuisson. Chaque famille possède son signe distinctif pour pouvoir reconnaître son pain — une croix ou des cœurs, des flèches — qu'on plante sur la miche avant de la glisser dans le four. Un peu plus tard, pour ne rien perdre de ce qui reste de chaleur, les gens arrivent avec leurs plats en terre cuite et leurs marmites en fonte, contenant par exemple un gigot d'agneau, ou des morceaux de porc aux petits oignons violets et au fenouil, ou simplement un assortiment de légumes aux herbes. Tout cela va cuire lentement sur la braise, dans la bonne odeur du feu de bois. Le dimanche matin, avant la messe, les plus âgés parmi les enfants viennent chercher ce qui va être le repas de midi, que certains emporteront à l'église, sous une serviette blanche, afin que le prêtre donne sa bénédiction.

Les lèvres de notre duc toscan ont presque esquissé un sourire. J'enchaîne alors pour demander s'il n'y avait pas ce genre de four à San Casciano autrefois. La réponse ne tarde pas :

« En fait, il y en avait deux. Un dans un pré devenu aujourd'hui le terrain de foot et un autre, qui existe toujours, derrière le garage où on répare les tracteurs, sur la route de Celle. Mais on ne s'en sert plus depuis la fin de la guerre. »

Quand je suggère que, une fois le nôtre opérationnel, on pourrait proposer aux habitants du village de venir y faire cuire leur pain, Barlozzo me dit que non :

« À San Casciano, plus personne ne fait son pain. Nulle part non plus, d'ailleurs. Nous avons deux excellents boulangers sur place. Les gens n'ont plus le temps pour ça. Cela appartient au passé. »

Je me rappelle ce que Fernando m'avait dit un jour à Venise, quand je prétendais vouloir confectionner moi-même des pâtes fraîches et des gâteaux. D'après lui, les ménagères préféraient faire la queue devant une boutique et aller ensuite passer un moment au café. Est-ce le même homme qui, aujourd'hui, a envie de pétrir la pâte et de regarder son pain dorer sous ses yeux ?

En ce qui concerne Barlozzo, puisqu'il a décrété qu'un four à bois dans son jardin c'est complètement dépassé, pourquoi nous aide-t-il à en construire un ?

« Parce que vous avez besoin d'aide. Parce que je découvre que, tous les deux, vous vous accrochez au monde d'autrefois. J'espère que votre séjour à San Casciano ne va pas être un simple interlude folklorique, que vous avez vraiment les pieds sur terre. Vous semblez croire qu'ici on est en Utopie ou, pire encore, à Sybaris. Vous savez ce qui est arrivé à Sybaris, dont la prospérité était proverbiale ? Cette ville fut détruite. Ici, le passé a souvent été brutal, tragique. Comme le présent peut l'être, d'ailleurs. »

Cette petite tirade nous glace un peu. Cela ne m'étonne finalement pas que le vieux duc connaisse l'histoire grecque, ni qu'il ait lu jusqu'au fond de nos pensées. Ce jour-là, il était venu exceptionnellement le matin pour nous donner un coup de main, arguant du fait qu'il ferait trop chaud l'après-midi. Il s'arrête net de parler, se contente de dire « *buon pranzo*, bon déjeuner », et le voilà parti. Il peut être coupant comme une lame, mais je ne crois pas qu'il veuille nous blesser. Nous échangeons un regard, Fernando et moi. Sans doute avons-nous approché de trop près des souvenirs auxquels le duc ne voulait pas qu'on touche. Il y a des frontières à ne pas franchir.

Nous sommes déçus, mais pas très étonnés si cet après-midi-là, à quatre heures, il ne vient pas. Fernando pense qu'il a voulu faire son petit *colpo di teatro*, son coup de théâtre. Le soir commence à tomber quand nous décidons d'aller prendre l'apéritif au Centrale. Le duc apparaît alors. Sans préambule, il demande :

« *Avete benzina per la machina ?* Vous avez de l'essence dans la voiture ?

— *Certo,* bien sûr, dit Fernando, *ma perchè,* mais pourquoi ?

— Parce que je vous invite à dîner quelque part. »

Nous roulons en direction du sud, traversons les villages de Piazze et de Palazzone. Au bout de vingt minutes, Barlozzo qui fait le guide sur la banquette arrière déclare : « *ecocci qua,* c'est ici », et nous nous arrêtons devant une étrange construction, moitié masure, moitié hangar, entourée de buissons de magnolias aux vives couleurs. Cela sent la tomate en train de mijoter avec de l'ail sur un bon feu de bois. Barlozzo nous précède, en écartant un rideau de billes en plastique à la porte.

Dans la première pièce, il y a un flipper, des tonneaux de vin, un petit bar et l'odeur d'au moins cinquante mille cigarettes fumées ici. Et personne. Derrière un autre rideau en plastique, rouge celui-là, on découvre une salle plus grande, avec de longues tables recouvertes de toiles cirées de différentes couleurs. S'annonçant d'un simple « *permesso* », Barlozzo pénètre dans une troisième pièce, la cuisine, où cela sent rudement bon.

Une petite femme d'environ soixante-dix ans, les cheveux roux relevés en chignon sous un bonnet de papier, est en train d'étaler de la pâte à *pasta* sur une grosse table en bois. Elle s'appelle Pupa, Poupée.

Sur un écran de télévision la dernière scène du film *Le Bon, la Brute et le Truand* va se terminer. Barlozzo attend la fin, avant de dire quelque chose — nous attendons aussi. Pupa, qui n'a pas lâché son rouleau à pâtisserie, tourne alors la tête vers nous, nous salue et annonce d'emblée : « *C'è solo una porzione di pollo con i peperoni, pappa al pomodoro, cicoria da saltare, e la panzanella. Come carne c'è bistecca di vitella e agnello impanato da friggere.* Il y a seulement une portion de poulet aux poivrons, de la soupe à la tomate, des trévises sautées et de la salade au pain. Comme viande, il y a des escalopes de veau et des côtes d'agneau panées.

— Et la pasta ? demande Barlozzo, en indiquant du menton la pâte devant elle.

— Eh non, *questa è per domani, per il pranzo di Benedetto*, ça, c'est pour demain, pour le déjeuner de Benedetto, répond-elle.

— En ce cas, nous prendrons un peu de tout. Oh, mes invités sont les nouveaux locataires des Lucci. »

Nous retournons dans la pièce qui fait office de salle à manger. Barlozzo remplit une cruche de vin directement au tonneau et nous sert. Surgit alors de derrière le rideau rouge un garçon qui doit avoir vingt ans, en Armani de la tête aux pieds, les cheveux soigneusement passés au gel et qui a dû s'asperger d'eau de toilette au citron. Il se présente : Giangiacomo, le petit-fils de Pupa et son maître d'hôtel.

Il nous serre la main, embrasse Barlozzo trois fois, nous fait asseoir et précise que l'agneau est absolument divin. Bien que nous soyons dans un coin perdu de la campagne toscane, où on sert au repas ce que la grand-mère a bien voulu préparer pendant la journée, Giangiacomo insiste pour prendre nos commandes, les noter soigneusement et tout répéter à haute voix, pour être sûr de ne pas se tromper. Après quoi, il file à la cuisine.

« Il veut partir travailler dans un restaurant à Rome, alors il s'entraîne », nous dit Barlozzo, un peu comme si devenir serveur à Rome était aussi affreux que vendre des cartes postales à Sodome. Il nous explique ensuite que tous les chasseurs de la région apportent leur butin chez Pupa pour qu'elle le laisse faisander, puis le cuisine. L'un d'eux est son amoureux et, à la saison de la chasse, il l'appelle tous les matins de son portable pour lui dire ce qu'il a tué la veille. Donc, de bonne heure, Pupa s'habille, se coiffe, se parfume et attend la sonnerie du téléphone. Elle fixe alors un lieu de rendez-vous à son chéri, saute dans le camion garé devant chez elle et va le rejoindre. Il lui donne sa bourriche pleine de gibier et elle lui tend des paninis à la mortadelle qu'il mangera avant d'aller travailler dans son jardin.

À la pleine saison de la chasse, il semble qu'il y ait plus de lièvres, de sangliers, de chevreuils et de faisans ici que dans les bois. Les chasseurs commandent à tour de rôle des repas de fête pour leurs familles et leurs amis et c'est toujours Pupa qui est au fourneau. On peut téléphoner le matin et demander un civet pour le soir. Barlozzo nous précise aussi que « quand un homme se retrouve seul, après un deuil, par exemple, il vient tout simplement déjeuner et dîner ici, sans avoir besoin de prévenir. Des veuves viennent aussi, qui donnent alors un coup de main à Pupa. Après, elles mangent entre elles et regardent ensemble un feuilleton à la télé. Elles rentrent à travers champs, en cueillant des herbes sauvages pour la salade et se mettent à penser au repas suivant ».

Barlozzo a ici des airs de propriétaire, un peu comme s'il nous avait invités chez lui. Il prend un gros pain dont il arrache des morceaux à la main, qu'il nous tend. On nous apporte la dernière portion de poulet aux poivrons, que Giangiacomo arrose de quelques gouttes du vin blanc qui a servi pour la sauce. Cela ne nous fait guère que deux ou trois bouchées chacun — mais absolument délicieuses. Arrive ensuite un grand plat de salade mélangée, tomates, concombres, petits oignons, feuilles de basilic et tranches de pain trempées dans du vin rouge, le tout à l'huile d'olive. Suivent des petites assiettées de soupe à la tomate fraîche bien épaisse, avec encore du pain et du *pecorino* râpé. Après, ce sont de minuscules côtes d'agneau panées, accompagnées de laitue, et des tranches de veau grillées entourées de quartiers de citron, à assaisonner soi-même avec de l'huile, du sel et du poivre. Puis Pupa surgit et pose devant nous un plat de haricots verts à l'ail et au piment.

Pour finir, il y aura de la ricotta au lait de brebis, servie dans des tasses à thé, arrosée d'un trait de café. Nous imitons Barlozzo qui ajoute du sucre en poudre et du cacao, et déguste le tout à la petite cuiller. J'aimerais en redemander mais j'ai peur que Pupa ne me trouve trop gourmande. Elle saura bien assez tôt à quel point je le suis.

D'autres clients sont arrivés et la salle s'est peu à peu remplie. J'entends Giangiacomo expliquer qu'à cette heure-ci il ne reste pas grand-chose, seulement du pain, du salami, du prosciutto, un peu de fromage, du miel, de la salade. Tout le monde dit que c'est très bien. Il y a un couple qui parle avec l'accent de Florence et un autre tout à fait britannique. Chacun a un enfant, les Florentins, une fille d'à peine quatre ans, et les Anglais un garçon blond qui doit en avoir six ou sept. La gamine l'a tout de suite repéré et elle s'avance entre les tables, les mains enfoncées dans les poches de sa robe blanche, se plante devant lui et demande :

« *Come ti chiami ? Io mi chiamo Stella.* »

Très gêné par tant d'audace et ne comprenant sûrement pas l'italien, il ne répond pas. Son père vient à son secours :

« Elle veut savoir ton nom. Elle s'appelle Stella. Tu peux lui répondre en anglais.

— Joe », dit-il, sans enthousiasme.

C'est maintenant au tour de Stella de ne pas comprendre. Mais c'est difficile d'intriguer longtemps une Florentine. Sans autres préliminaires, elle ordonne :

« *Allora, baciami. Un bacetto piccolo,* alors embrasse-moi. Un petit baiser. »

Même si jeune, Stella sait très bien ce qu'elle veut.

CERISES « DU SAINT-ESPRIT »

Choisir des cerises pas trop mûres. C'est une bonne idée de mélanger plusieurs espèces différentes.

Pour un kilo de fruits :
300 grammes de sucre en poudre ;
1/4 de litre de kirsch ou de très bonne grappa.

Laver et ébouillanter deux bocaux. Y disposer les cerises, sur lesquelles on va verser l'alcool et le sucre bien mélangés. Fermer hermétiquement et ranger au frais et à l'ombre. Pendant deux semaines, bien secouer les bocaux tous les jours. Puis ne plus y toucher pendant encore deux semaines. Les cerises à l'eau-de-vie se conservent un an dans un bocal fermé. Une fois ouvert, le mettre au réfrigérateur. On peut utiliser de la même façon des prunes ou des abricots. Les fruits rouges sont délicieux aussi. Et on peut varier les alcools, parfumés ou non — de l'alcool de mirabelle avec les prunes, par exemple.

Cela constitue des garnitures parfaites pour des glaces. Mais c'est très bon aussi avec certaines viandes, du canard, par exemple. J'aime également en servir avec des fromages forts.

3

Il n'y a aucun danger, nous ferons cuire notre pain

À dix heures du matin, la brise nous apporte des odeurs d'herbes et j'entends mon mari chanter des airs napolitains dans le jardin. Aujourd'hui, Barlozzo est en retard mais, au bout d'une semaine à peine de patientes instructions de sa part, Fernando se débrouille très bien tout seul pour préparer le ciment et construire le mur de briques qui va encadrer notre four à bois. Certains jours, le duc ne vient même pas et il semble que son absence soit calculée pour laisser à son élève le sentiment qu'il mène à bien tout seul le premier vrai projet artistique de sa vie. Je ne suis pas tellement bienvenue moi-même à ses côtés et je finis par en avoir un peu assez de rester là à attendre qu'il me demande de lui apporter de la citronnade ou des serviettes en papier. Je m'autorise donc à m'offrir quelques heures pour moi seule.

Je commence par établir un plan de travail. Il va falloir que je respecte une certaine discipline. Je peux bien laisser à Fernando le temps de profiter un peu de sa liberté toute neuve. Le livre que j'ai écrit à Venise, fait de souvenirs de mes voyages en Italie du Nord et de recettes de cuisine, doit être publié aux États-Unis à la fin de l'automne. Je n'ai plus à m'en occuper pour l'instant. Mais j'ai signé un contrat pour en écrire un autre, sur l'Italie du Sud cette fois. On m'a donné dix-huit mois pour faire les recherches indispensables et le rédiger. Cela me procure le sentiment d'avoir beaucoup de temps devant moi, mais je sais que ce n'est pas vrai. Il faut que je commence dès maintenant à faire le plan et à programmer mes voyages.

Cette perspective m'excite — et en même temps j'ai envie de fourrer mes dossiers sous le lit jaune et me contenter de vivre notre vie de Toscans. Or c'est impossible. En outre, je dois envoyer plusieurs articles à des magazines américains — un par mois : des critiques gastronomiques à une chaîne de restaurants californiens, des recettes détaillées à un journal et d'autres à une start-up de Los Angeles.

Je m'aménage donc une sorte de bureau dans la pièce qui était autrefois l'étable. Immédiatement sur le sentier de la guerre, Barlozzo apparaît dans l'embrasure de la porte. « *Ti serve un mano ?* Besoin d'un coup de main ? » demande-t-il, me voyant me débattre avec l'ordinateur. Il a compris que je n'utilise qu'un strict minimum des facilités technologiques du vingt et unième siècle.

« Je croyais même, me dit-il, que vous écriviez à la plume d'oie sur du parchemin.

— Je me sers de l'ordinateur uniquement

comme machine à écrire. Je laisse le reste à Fernando. Mais vous vous y connaissez en informatique ?

— Certainement plus que vous. En outre, le mode d'emploi est en italien et il se trouve que je sais lire. Continuez donc à draper des tissus partout dans la maison. Il doit bien rester un coin ou deux où vous ne l'avez pas encore fait. »

Pourquoi faut-il qu'il s'obstine à se moquer de moi, à cacher sa profonde gentillesse ? Je vais sortir des rideaux d'une malle, des rideaux en épais damas jaune, qui doivent provenir d'un théâtre ou d'une chapelle. En tout cas, c'est ce que m'a dit le marchand qui me les a vendus à Arezzo. Les tringles ont déjà été posées, je n'ai qu'à accrocher les trois panneaux bien longs, qui coulent littéralement jusqu'au sol. Le soleil exalte leur couleur et la petite pièce est soudain baignée d'or. Le duc n'a pas prononcé un seul mot. Mais je comprends à son sourire qu'il trouve cela très joli.

Pendant que la construction du four avance, les hommes du village viennent tourner autour. Ils commentent, sifflent, certains disent que c'est *formidabile*. Mais quelques-uns font mine de s'arracher les cheveux et disent que c'est dangereux, cela risque de sauter au premier allumage. Au fur et à mesure que les jours passent, Fernando a de plus en plus de visiteurs, le soir, souvent venus d'autres bourgs des environs. Ils laissent leur voiture au bord de la route et s'approchent, comme s'ils visitaient un sanctuaire.

Cela nous amuse et nous baptisons le four Santa Giovanna. Chacun ou presque nous parle de celui où sa vieille tante faisait cuire le rôti du dimanche. Également des pains exceptionnels préparés par sa mère. En tout cas, j'ai dû demander à Barlozzo de m'installer une sorte d'estrade devant, sinon je n'y aurai pas accès, il est trop haut.

Le duc nous a également fabriqué *à la main*, s'il vous plaît, tous les ustensiles dont nous aurons besoin : une sorte de pelle plate en bois, avec un très long manche en métal, un petit balai en rameaux d'olivier secs et deux plaques de métal, elles aussi, percées de petits trous, où nous poserons les pains pour qu'ils refroidissent.

Fernando et moi discutons de ce que va être notre première fournée. Je m'interroge :

« Farine de maïs ou farine de sarrasin ? Peut-être fougasses au romarin ?

— Non, dit-il, pas de sarrasin. Quelque chose avec des olives noires et des noisettes grillées. »

Le duc, occupé à polir ses deux plaques, sait que, si nous sommes aussi raisonnables qu'il l'espère, ce sera en réalité une miche de pain purement toscan, sans sel, avec une croûte épaisse, bien craquante. La construction du four est terminée un dimanche. Nous décidons que nous l'inaugurerons samedi prochain, le dernier samedi de juillet. Outre le pain, je préparerai une longe de porc au chianti, peut-être deux, si des voisins veulent se joindre à nous. Nous déposons des invitations au Centrale, en précisant à tout le monde que chacun peut apporter sa propre pâte à pain dès le matin. « *Senz'altro, ci vediamo, ci sentiamo prima,* sans faute, on se verra, on en reparle avant », nous répondent ceux qui sont là.

Dès l'aube, nous installons le petit bois et les bûches exactement comme Barlozzo nous l'a expliqué. Nous disposons artistiquement des sarments de vigne et du bois de chêne, plus une grosse botte de fenouil séché par-dessus, pour la délicieuse odeur. Fernando craque une allumette et, dans un formidable grondement, des flammes jaillissent, tandis qu'une épaisse fumée nous environne. Nous faisons un bond en arrière, mais constatons qu'elle s'évacue vite par le conduit. Ça marche ! Il n'y a aucun danger, nous ferons cuire notre pain. C'est un triomphe — même si cela nous fait tousser…

Assis sur deux chaises devant le four, nous ressemblons à deux accoucheurs qui attendent la sortie du bébé. Autour de nous, les prés sont verts, les oliviers argentés frémissent, des oiseaux effarouchés s'envolent. Je vis la vie dont j'ai toujours rêvé, je ne désire rien d'autre. Quand je le dis à Fernando, il me répond que c'est le moment de rajouter du bois — ce qui revient au même.

Il tisonne les braises, dans une explosion d'étincelles, tandis que je file à la cuisine préparer mes pains dont la pâte a levé pendant environ une heure. Je grimpe sur ma mini-estrade pour enfourner les premières miches. Il est neuf heures et demie et personne ne s'est encore montré. Enfin, cela va peut-être venir.

Mais non, de toute la matinée, aucun visiteur ne se présente. Je m'occupe alors de la longe de porc qui a mariné dans du vin rouge. Je la sors, incise la chair pour y glisser des gousses d'ail, des clous de girofle et du romarin, arrose le tout d'huile d'olive et retour dans la marinade, au fond d'une marmite hermétiquement fermée. Le four est maintenant à la bonne température, donc j'enfourne. Nous déjeunons de prosciutto et de grosses tranches de *notre* pain, avec du très bon vin.

Dans l'après-midi, un bref et violent orage éclate. Un pâle soleil réapparaît après. Les heures passent, il est presque neuf heures du soir. Nous sommes résignés à dîner seuls et mettons le couvert pour deux sur la terrasse. C'est alors que j'aperçois Floriana qui descend la côte à petits pas, tenant des deux mains un plat, avec autant de précaution que si elle traversait une rivière en portant un fusil. À quelques pas derrière elle, il y a le duc qui balance à bout de bras un bidon de cinq litres de vin. Nous aurons donc quand même un dîner de fête !

Je me précipite à leur rencontre. Floriana est essoufflée, elle s'arrête un instant. Des gouttes de pluie luisent sur le fichu noué autour de ses cheveux bouclés. Dans ses yeux d'une couleur indéfinissable — gris vert, topaze ? — on croit deviner le reflet de souvenirs très anciens, heureux, peut-être. Nous échangeons quelques mots, tandis que Barlozzo nous dépasse sans s'arrêter, se contentant d'un « *belle donne buona sera*, belles dames, bonsoir ».

Nos invités sont aimables, charmants, mais un tout petit peu sur la réserve. Heureusement le porc est très tendre, l'épaisse sauce au vin épicé exquise, le pain a un bon goût de bois brûlé. J'essaie de ne pas les dévisager, tous les deux, mais ils sont assez merveilleux, l'un à côté de l'autre, sans se regarder, sans se toucher, mais donnant clairement l'impression qu'il y a un grand amour entre eux. Officiellement, ils ne forment pas un couple, ils n'habitent pas ensemble, ils ont des vies séparées. Toutefois, on devine autre chose.

« Vous connaissez l'origine du mot *compagna*, compagnon ? demande Barlozzo en reprenant du pain. Justement, cela vient de *con*, “avec”, en latin, et de *pane*, “pain”. Un compagnon est quelqu'un avec qui on rompt le pain. »

Chacun lève son verre et on fait circuler une nouvelle miche en arrachant un morceau à tour de rôle, pour finir la sauce. Le repas terminé, les messieurs veulent rester à table pour fumer et déguster leur grappa. Floriana et moi décidons de faire un tour jusqu'aux sources chaudes où nous aimons tellement aller le matin, Fernando et moi. Nous emportons dans un sac des petits gâteaux, une couverture pour s'asseoir dans l'herbe, une serviette-éponge, deux lampes électriques, des châles, et nous échangeons nos sandales contre des vieilles bottes en caoutchouc trouvées dans la grange. Salut aux deux hommes !

Le soir fraîchit vite et nous ne pouvons pas nous empêcher de rire, tout en marchant. « *Siamo due matte*, nous sommes deux folles », répétons-nous plusieurs fois, de sortir si tard. La joie de Floriana à l'idée de cette petite escapade me ravit. Elle se met à me parler des *Aventures de Huckleberry Finn* et je trouve merveilleux qu'une Toscane d'une soixantaine d'années ait aimé ce roman d'aventures si typiquement américain. « Vous savez, me dit-elle, j'ai toujours eu envie de construire un radeau pour moi toute seule et de descendre cet immense fleuve, m'arrêter quelque part sur la rive, à la lisière d'une forêt, allumer un feu et faire cuire de la *pancetta* que je mangerais directement dans la poêle. Comment dit-on *pancetta* en anglais ? Ah oui, *bacon*. Bien sûr. Oh, ce serait merveilleux. »

Une fois arrivées aux sources, nous cherchons à la lueur de nos lampes le bon endroit pour nous asseoir, nous déchaussons et plongeons les pieds dans l'eau bouillonnante. Il commence à faire froid, toutefois, et nous nous enveloppons dans nos châles, en continuant à parler de livres. Floriana dit qu'elle adore *Madame Bovary*, *David Copperfield* et *Anna Karénine*. « Surtout *Anna Karénine*, précise-t-elle. Ah, j'ai toujours eu envie de rencontrer quelqu'un comme Vronski, quelqu'un de dangereux, mais le seul qui existe vraiment. Vous comprenez ce que je veux dire ?

— Oui, je crois. »

Je ne crois pas, je sais. Nous nous étendons un court moment sur la couverture, au milieu des herbes hautes. Le ciel est balayé de nuages qui par moments cachent la lune. Floriana se relève presque aussitôt et va tremper ses mains dans l'eau. Soudain elle me demande :

« Croyez-vous que le bonheur soit un choix ?

— La plupart du temps, oui. En tout cas, beaucoup plus souvent qu'on ne le pense. »

La cloche du village sonne minuit. Les deux Cendrillon remettent leurs bottes et prennent le chemin du retour, agrippées l'une à l'autre pour ne pas glisser sur le chemin. Quand nous arrivons à la maison, Barlozzo est en train de donner une leçon d'astronomie à un Fernando à moitié endormi. Floriana se met à rire :

« Bon, je vois que tout va bien ici. Moi, je vais me coucher. »

Aussitôt le duc se lève : « *buona notte, ragazzi*, bonne nuit, les enfants », et il se hâte de la suivre. Je les regarde partir, serrant mon châle sur mes épaules pour me réchauffer un peu.

LA « SCHIACCIATA » TOSCANE, SORTE DE FOUGASSE

Pour en confectionner deux :
1 cuiller à soupe de levure alsacienne ;
1 cuiller à soupe de cassonade ;
3/4 de litre d'eau tiède ;
3 cuillers à café de sel fin ;
1 verre d'huile d'olive ;
500 grammes de farine de blé ;
500 grammes de farine de maïs ;
2 cuillers à soupe de romarin en poudre.

Faire fondre dans un grand saladier le sucre dans l'eau tiède, ajouter la levure et laisser reposer dix minutes. Ajouter l'huile et le sel, puis petit à petit la farine en mélangeant bien. Terminer par la farine de maïs. Si la pâte est trop collante, rajouter de la farine. Pétrir sur une planche farinée pendant dix minutes. Remettre le tout dans un plat creux, couvrir et laisser lever pendant une heure. La pâte doit doubler de volume.

Ensuite, la partager en deux bâtons et les travailler un peu à la main, avant de les aplatir, surtout sans utiliser le rouleau à pâtisserie. Tout doit se faire à la main. Laisser encore lever pendant trente minutes.

Préchauffer le four électrique à 450 degrés. Bien aplatir les deux fougasses avec les doigts, y creuser des petits trous et arroser d'huile d'olive. Saler et saupoudrer de romarin. Cuire pendant vingt à vingt-cinq minutes. Quand c'est doré, déposer sur une grille. Encore un peu d'huile… Servir tiède ou à température de la pièce. Traditionnellement la *schiacciata* ne se coupe pas au couteau, chacun déchire le morceau qu'il veut à la main.

4

Êtes-vous en train de fabriquer un matelas rempli de romarin ?

La gauche. Toujours la gauche. Je parle de l'atmosphère politique qui prévaut en Toscane et de la main dont se sert Barlozzo pour ponctuer ses petits discours, tel un chef d'orchestre.

« *Stamo un pò rossi qui,* nous sommes un peu rouges ici », me dit-il un soir, alors que nous nous dirigeons vers le Centrale pour les *aperitivi.*

Il fait référence au communisme qui a pris racine ici après la Première Guerre mondiale, quand les paysans, en rentrant chez eux, se sont retrouvés plus pauvres qu'avant. Le gouffre entre les nantis et les autres n'avait fait que s'agrandir. La pauvreté provoquait plus de ravages que la peste. Des gens mouraient de faim. Les partis politiques surgis de ce terreau de misère demandaient le droit de travailler et de manger pour tous, un peu comme cela se passait en Russie. C'est cela que signifiait alors « être rouge », de même qu'aujourd'hui, d'ailleurs.

Après 1918, l'État avait promulgué toutes sortes de lois destinées à soulager un peu les plus pauvres et cela a fonctionné un certain temps.

Mais le mal était trop profond, les efforts entrepris se sont révélés inadéquats et ce qui ressemblait à du servage datant du Moyen Âge a perduré. Les nobles rédigeaient des contrats d'après lesquels 75 ou même 80 pour cent des récoltes leur revenaient et ils savaient pertinemment que les paysans continueraient à avoir faim. Ceux-ci n'avaient même pas droit à l'éducation pour leurs enfants qui, très jeunes encore, devaient travailler la terre. Toutefois, les choses allaient changer après la Seconde Guerre mondiale.

Les riches restaient riches, mais la législation locale a permis de réformer pas mal de choses et les cas de pauvreté les plus flagrants ont disparu. Mais cela arrivait trop peu souvent et généralement trop tard. Beaucoup d'habitants de la campagne étaient partis, en direction du nord et d'une autre misère, industrialisée, celle-là. Des salaires permettant de s'acheter de quoi manger et de payer un loyer paraissaient miraculeux, même si ce n'était pas plus que cela.

Assis au crépuscule sur un muret de pierre au bord de la piazza, un pichet de vin à portée de main, Barlozzo, Fernando et moi parlons politique. Le duc s'attache au présent, tandis que les volutes de fumée de ses cigarettes s'élèvent autour de sa tête :

« Aujourd'hui, déclare-t-il, on recommence à partir d'ici, de ce village. Ce sont les "*progressisti*" qui s'en vont. »

Les habitants de San Casciano se divisent, d'après lui, en deux groupes : les *progressisti*, qui n'ont qu'une envie : se ruer vers l'avenir et le progrès, et les *tradizionalisti,* qui s'accrochent au passé, aux coutumes d'autrefois.

Les premiers veulent vendre leurs maisons croulantes, à toit de tuiles rouges, qui bordent les petites rues sinueuses du village et que nous trouvons belles, Fernando et moi, au point d'avoir envie d'en acheter une. Mais leurs habitants rêvent d'un appartement dans les immeubles en béton de la périphérie. Là, au moins, ils n'auront plus à monter les bûches et à descendre les cendres par l'escalier. Un chauffage au gaz, c'est tellement plus simple. Ils ont envie d'étagères en plastique et plus du tout de grosses armoires en chêne, profondes comme des cavernes. Ils veulent des éviers en inox, pas en pierre comme chez leurs grands-mères, et des lustres modernes au plafond, à la place des lanternes en fer forgé d'il y a cent ans.

Les *progressisti* qui sont encore là et travaillent les terres de leurs riches patrons voudraient bien quitter ces fermes où on crève de froid huit mois sur douze et où trois ou quatre générations cohabitaient, chacune épaulant les autres. Mais ce genre de famille n'existe presque plus. Les vieux meurent et les jeunes s'en vont.

Depuis quelque temps déjà, les fermiers touchent un salaire à la fin du mois et reçoivent une partie appréciable de la récolte. Ils se croient donc assez riches pour acheter un de ces fameux logements où le portable passe bien, où on peut sans problème installer sa télé et où il y a moins de vitres à laver. À ce moment du discours de

Barlozzo, Floriana — que nous appelons désormais Flori — apparaît sur la piazza, tenant à deux mains une assiette recouverte d'un torchon.

Elle s'approche de nous à petits pas et chuchote « *scusatemi*, excusez-moi », comme si elle arrivait quand l'opéra a déjà commencé. Aussitôt Barlozzo se lève, prend l'assiette qu'il pose sur le muret, à côté de la bouteille de vin, lui baise les doigts et va lui chercher une chaise.

Fernando se doute qu'il y a quelque chose de très intéressant sous la serviette et, effectivement, c'est un gros morceau de *pecorino*. Avec le couteau également dans l'assiette, il nous en coupe de très fines tranches à chacun. Flori nous tend des petites serviettes en papier et nous allons manger presque tout le fromage tandis que le duc continue sa démonstration :

« Évidemment, les *tradizionalisti* secouent la tête. Certains habitent au village, d'autres à la campagne, mais aucun n'ira dans ces trucs en béton. Ils disent que la vie leur semblait meilleure quand elle était plus dure. Que la nourriture avait meilleur goût quand elle apaisait une vraie faim. Et que rien ne surpasse le moment où le soleil se lève et celui où il se couche. Ils disent que la vie, c'est travailler à la sueur de son front, manger ce dont on a besoin, dormir comme un enfant. Ils ne comprennent pas cette avidité de certains à vouloir accumuler, avoir plus que ce qu'on peut consommer. Ils se rappellent le temps où accumuler c'était avoir pour l'hiver trois sacs de châtaignes au lieu de deux. Ils trouvent que leurs voisins ont perdu leur capacité à imaginer ou à ressentir les choses, et même à aimer. Que ceux qui sont allés habiter ces funestes appartements ne font plus rien qu'attendre la mort, en regardant des programmes idiots à la télé. Ils ne savent plus faire d'efforts. »

Barlozzo appelle cela la *spezzatura.*

Flori se décide à intervenir :

« *Tradizionalisti, progressisti,* bah ! Peut-être que ce qui compte, après tout, c'est de faire durer nos vies autant que nous. Vous voyez ce que je veux dire, mener chacun la sienne jusqu'à son terme et que chaque instant compte, les plus petits aussi, qui font partie de l'ensemble. Comme celui où vous saucez dans votre assiette la dernière goutte d'huile avec le dernier morceau de pain, avant de boire la dernière gorgée de vin dans votre verre. »

Le duc se lève et nous dévisage, Flori et moi :

« Vous vous ressemblez, toutes les deux. Mais Marlena me fait aussi penser à ma mère, pour qui la vie a été dure.

— Mais je ne trouve pas que ma vie soit dure !

— Non, bien sûr, pas en ce moment, pas avec tous les “ajustements” que vous avez été obligée d'accepter. Ma mère a connu les mêmes. Pour elle, la vie était trop disproportionnée, trop vaste, en quelque sorte. Alors, à la manière d'un peintre impressionniste, elle a gommé les angles, les aspérités, elle a adouci les contours et à moitié fermé les yeux, parce que la lumière était trop forte. Elle n'a plus voulu voir les choses qu'à la lueur d'une bougie. Et elle a gardé ses secrets pour elle. Comme vous, Marlena. Et, toujours comme vous, elle a cru qu'une bonne miche de pain, confectionnée de ses mains, aidait à résoudre bien des problèmes.

— Comment savez-vous que j'ai des secrets? Et les connaissez-vous?

— Si je les connaissais, ce ne serait plus des secrets. Tout ce que je veux dire, c'est que ceux qui en ont se repèrent entre eux.

— Donc vous en avez aussi? »

Brusquement, Flori se lève et reprend son assiette où il ne reste que le couteau et quelques miettes de fromage.

« Oui, et on en restera là pour aujourd'hui, dit Barlozzo.

— En tout cas, en ce qui me concerne, c'est vrai que je pense que du bon pain n'a jamais fait de mal à personne. À propos, je n'ai plus de romarin. Vous pouvez m'en rapporter?

— Je n'ai jamais connu personne aussi obsédée par ce fichu romarin que vous! Vous avez l'intention d'en remplir un matelas? Mais je vous en cueillerai autant que vous voudrez. Et je serai toujours heureux d'être invité à partager vos repas, si exotiques pour moi. À condition qu'il y ait un bon pain, un pain normal, sur la table, plus une bonne bouteille de vin et un pichet de bonne huile d'olive. Flori a raison, quand elle dit qu'il faut les trois pour faire un tout. »

5

Posez votre poulet sur un lit de navets, pommes de terre, oignons, carottes et poireaux, puis mettez au four…

Certains matins, nous grimpons, derrière le village, le sentier qui mène à l'ancien *spa*, initiales du latin *salus per acquum*, la santé par l'eau, c'est-à-dire les thermes. Nous nous promenons entre les salles, en ruine aujourd'hui, où les Médicis venaient se baigner et nous nous demandons si ce qui se chuchote à San Casciano est vrai : qu'une entreprise de Florence envisage de tout reconstruire, ce qui changerait totalement la vie alentour. Des gens chics viendraient à grands frais se tremper dans les eaux chaudes et se faire masser par des mains vigoureuses. Le petit bourg assoupi se réveillerait, mais peut-être pas grâce à un beau prince. Je jette ce jour-là un regard en coin à mon prince à moi, plongé, semble-t-il, dans de sombres réflexions.

Pourquoi, d'un seul coup, suis-je parcourue d'un méchant frisson ? Est-ce à cause du vent où l'on commence à sentir les premiers signes annonciateurs de l'automne ? D'une poussée de tension ? Oui, ce doit être cela. À moins que ce ne soit la présence de Fernando à mes côtés. C'est irritant de ne pas savoir…

La journée va s'écouler normalement et, en fin d'après-midi, je m'active en cuisine autour d'un poulet avec une recette de Flori, celle de sa mère pour le déjeuner du dimanche :

« Posez votre poulet dans un plat allant au four, sur un lit de navets, pommes de terre, oignons, carottes et poireaux… »

Ses directives s'arrêtant là, je continue à ma façon : je farcis la bête d'une poignée de gousses d'ail, la frotte à l'huile d'olive, puis l'entoure de brins de romarin. Après quoi, elle va passer une heure dans le four à bois, d'où elle ressort dorée, la peau craquante, baignant dans un joli jus parfumé. Je transfère le poulet sur un plat chauffant et gratte le fond du plat, pour bien décoller les sucs et j'arrose d'un peu de vin blanc. Là, la sauce va devenir sublime, surtout quand j'y ajoute un verre de *vin santo* et une poignée de raisins secs venus de l'île de Pantelleria. J'y mets à tremper quelques gros morceaux de pain frais. Un saladier de laitues sauvages est extrait du réfrigérateur, plus une bouteille de sauvignon blanc de Castello della Sala.

Monet aurait adoré ma table sur la terrasse, avec son gros bouquet de coquelicots et de lavande, et ses bougies fichées dans d'anciennes lanternes de bateau. J'appelle Fernando qui doit se trouver quelque part à l'étage. Je place les feuilles de laitue dans nos assiettes, les arrose d'un peu de sauce, dispose autour le pain, les raisins secs, les légumes et finalement les morceaux de poulet. J'admire ma création... Et j'ai faim. Je crie :

« Fernando *la cena è pronta*, le dîner est prêt. »

Je sers le vin et commence à boire à petites gorgées, en contemplant la fin du coucher de soleil. Toujours pas de Fernando. J'appelle à nouveau :

« Fernando, tu ne viens pas dîner avec moi ? »

Quelqu'un qui ne ressemble pas à Fernando passe la tête à une fenêtre. Il commence à faire sombre, mais je le reconnais tout de suite : c'est Monsieur Vif Argent, qui venait si souvent charger mon mari de tout un poids d'angoisse quand nous vivions à Venise. Et voilà qu'il a découvert notre cachette en Toscane.

« *Non ho fame.* Je n'ai pas faim.

— Mais pourquoi ne descends-tu pas juste pour me tenir compagnie ? Le poulet a l'air délicieux. Viens prendre au moins un verre de vin. Viens qu'on bavarde un peu. »

J'essaye toutes les astuces qui ont pu fonctionner dans le passé. Mais rien ne marche. Prêt à me jouer la grande scène du premier acte, Fernando laisse la tension s'élever d'un cran avant de descendre l'escalier à pas lourds. Je me hâte de vider mon verre. Au premier coup d'œil, je vois qu'il est sur le sentier de la guerre, prêt à en découdre. Il démarre en m'annonçant qu'avoir quitté la banque où il travaillait à Venise ne lui a pas apporté le profond sentiment de paix qu'il espérait. Il se lamente ensuite sur ce qu'il a perdu :

« Je n'ai plus d'emploi, plus de ressources, je ne suis plus rien. Et je me retrouve dans ce trou perdu où je croyais trouver une certaine sérénité. »

Je voudrais lui dire que la sérénité ne dépend pas du lieu géographique où l'on se trouve, que, s'il ne se sentait pas serein à Venise, comment pouvait-il croire qu'il le serait en Toscane ? Mais je ne dis rien. Je me contente de le regarder et j'essaye de retrouver quelques belles images de ce que nous avons vécu ces dernières semaines. Il déclare avoir l'impression qu'on l'a volé. Et il est venu se planter juste devant moi pour décréter cela. Du coup, je me dresse, moi aussi :

« Et c'est moi, la voleuse ?

— Oui, bien sûr. C'est toi qui m'as fait croire qu'on pouvait changer de vie, devenir quelqu'un d'autre. Ne plus être toujours le même bon vieux Fernando.

— Mais le bon vieux Fernando est l'homme le plus merveilleux que j'aie jamais connu. Ne renonce pas à lui. Il faut qu'il t'accompagne, sois patient avec lui. Au lieu de prétendre qu'on t'a volé quelque chose, cherche plutôt ce que tu te voles à toi-même. Du temps, par exemple. Quelle arrogance de ta part de choisir une aussi belle soirée que celle-ci pour déverser ta colère, comme si tu recrachais une cerise trop acide. Chaque fois que tu reviens sur ce qui a été, je te le répète, tu perds ton temps. Et justement, mon chéri, en as-tu tellement à perdre ? »

Me prenait-il pour une sorte de magicienne qui lui tracerait un chemin sans aucun risque jusqu'en Toscane ? Est-il incapable de supporter le moindre choc émotionnel ? Se laissera-t-il toujours submerger par ses angoisses, sa si profonde mélancolie ? Je sais bien qu'en réalité il a besoin de consolation, mais la sympathie que je peux lui manifester dans ces moments-là ne suffit pas. Je lui crie :

« Pourquoi prétends-tu toujours que tu vas t'effondrer ? La terre est ronde, au cas où tu ne le saurais pas, et si on tombe on finit toujours par se relever, après quelques culbutes. C'est ce que nous faisons tous ! »

Mais il ne m'écoute pas. Alors je lui rappelle qu'André Gide a écrit quelque part, que si on veut découvrir des terres nouvelles, il faut accepter de passer d'abord beaucoup de temps en mer. Fernando hausse les épaules, dit que ce sont des bêtises, que justement il a l'impression d'avoir toujours été perdu en mer, et maintenant plus que jamais. Je suis furieuse :

« Et tu rejettes le blâme sur moi, alors que c'est toi qui as démissionné de la banque sans même m'en parler d'abord, toi qui étais si pressé de vendre ton appartement de Venise pour "tout recommencer à zéro". Ce sont tes propres paroles. Bien sûr, ce serait plus simple d'oublier tout cela et de pleurnicher comme un gamin pour que je vienne te cajoler. Si c'est ça le prix à payer pour être ta femme, je ne sais pas si j'en suis capable. Je crois même que je le refuse. »

Je m'aperçois que j'ai débité ma tirade avec beaucoup d'éloquence et de chaleur. En excellent italien, par-dessus le marché. Je deviens un mélange d'Anna Magnani et de Sophia Loren. Mais est-ce vraiment moi, cette femme qui crie, tape du pied, se mord la main ? Oui, c'est moi. Moi qui d'habitude me contente de pleurer quand je suis blessée et de sourire aimablement à quiconque s'approche. J'éprouve en cet instant une sorte de jouissance à cracher tout ce que j'ai souffert depuis trois ans, toutes les couleuvres qu'il a fallu avaler. Et je ne pouvais le faire que dans une autre langue que la mienne, celle où j'ai appris à me censurer, à être bien élevée. Je m'en vais.

Je franchis la porte du jardin. Il est plus de dix heures. C'est une nuit sans lune et j'ai faim. Je me dis que j'aurais dû emporter le poulet. Bien qu'il ne fasse pas froid, je frissonne dans ma robe légère à fleurs orange et roses. D'abord, je prends la direction de Celle, puis je change d'avis et tourne à gauche, pour suivre le sentier très raide qui va jusqu'aux thermes. Dans le noir, je trébuche car je ne suis chaussée que de sandales. Je m'assois sur une grosse pierre et sens les larmes me monter aux yeux, mais je suis trop en colère pour les laisser couler. Je m'appuie sur des touffes de fleurs sauvages pour me remettre debout, en me disant qu'elles sont fragiles mais peuvent me soutenir. Je n'ai pas de permis de conduire italien. Tout ce que j'ai, ce sont mes deux jambes et mes deux pieds qui me font mal. Je n'ai même pas emporté mon sac. De toute façon, il n'y avait guère d'argent dedans. Je fouille dans les poches de ma robe et en extrait un pauvre billet de cinq mille lires qui devra me suffire pour ce que je vais faire maintenant. J'essaie de marcher plus vite, direction la nationale 321, qui mène à Piazze. Six kilomètres en rase campagne, un samedi soir en Toscane.

À part quelques rares voitures, je ne croise qu'un jeune renard gris. Je me hâte comme si j'avais réellement un but, mais je n'ai nulle part où aller. Je sais où habite Barlozzo et où habite Floriana, mais ce n'est pas le genre de village où on peut débarquer à dix heures et quelques du soir à l'improviste, à moins d'être poursuivie par un ours. Il me reste le Centrale, bien sûr, mais je sais que c'est là que Fernando me cherchera en premier, donc je suis partie dans la direction opposée.

Piazze est encore plus petit que San Casciano. Il y a là une *osteria* et je vois qu'à l'intérieur toutes les tables sont occupées par des gens encore en train de dîner. J'entre, vais m'asseoir au bar, commande un *espresso* et tente d'engager la conversation avec la patronne, mais elle est seule à assurer le service et probablement à faire la cuisine, donc elle se contente de sourire et de me dire bonsoir. Je n'ai plus qu'à ressortir et à reprendre la route. Et voilà qu'apparaît la BMW bleu foncé. Je sais que Fernando s'inquiète. Il ne m'a pas encore vue et je pourrais décider de jouer à cache-cache un certain temps. Mais il me manque. Je sais que tout ceci est dur pour lui. Que cela le restera peut-être longtemps. Je m'arrête sur le bas-côté et lève la main comme si je faisais du stop. Il s'arrête et ouvre la portière de mon côté :

« Quoi qu'il puisse arriver encore, même si je me comporte comme un idiot, promets-moi de ne jamais refaire ça », me dit-il.

Je promets parce que cela était inclus dans le

contrat que j'ai signé. Je sais très bien que, dès le début, je me suis engagée à supporter ses lamentations, ses sautes d'humeur, de la même façon que tout ce qu'il y a de bon en lui. Toutefois, je suis fatiguée de devoir toujours prendre sur moi. Ces crises qu'il traverse ressemblent à des trahisons à mon égard et elles me désespèrent. J'ai de plus en plus de mal à me rappeler que, s'il se conduit ainsi, c'est parce qu'il *est* ainsi, c'est dans son caractère, dans sa chair et dans son sang. En outre, il est italien, pour lui la vie est un opéra pendant lequel on crie, on gémit et aussi on rit — enfin, un peu. Entre chaque « représentation », il m'explique toujours à quel point il se sent mieux depuis qu'il a quitté cette vie ensommeillée qu'il menait avant. Il me dit que c'est formidable de pouvoir enfin réellement crier, gémir et même rire, et peut-être plus encore pleurer. Il me demande de l'aimer, parce que c'est si difficile de cohabiter avec lui, plus à cause des mauvais moments que des bons. Ce n'est pas évident d'exiger cela d'une femme et cela devient quand même trop facile pour lui, presque un luxe, de savoir que je suis toujours là pour le calmer. Je sais que je dois m'en méfier, être sur mes gardes.

Nous restons un long moment assis dans la voiture, sans parler. Puis je me lance :

« Même si je t'aime infiniment, tu peux me donner envie de te quitter, au moins de temps en temps et pour assez longtemps. Laisse-moi essayer de t'expliquer ce que j'éprouve parfois. Quand je t'ai rencontré, tu étais las d'être Fernando, le Fernando d'avant, qui ne faisait presque rien de ce qu'il aurait souhaité réaliser. Tu disais avoir toujours été un type bien, patient, qui se sacrifiait pour les autres et qu'on traitait souvent avec brutalité, parce qu'on savait qu'il accepterait tout. Les gens à la banque, les membres de ta famille, tes amis, comptaient sur ta force, ton bon caractère. C'est cela, n'est-ce pas ?

— Oui, tout à fait.

— Et depuis longtemps déjà, quand tu as commencé à les rayer de ta vie, les uns après les autres, ils t'en ont voulu. C'est vrai, oui ou non ?

— Oui, c'est ce qui s'est passé.

— En ce cas, pourquoi me traites-tu de façon que je t'en veuille, moi aussi ? Depuis que nous sommes ici, cela arrive moins souvent qu'à Venise, où tu m'as souvent blessée, mais je voudrais que cela cesse complètement. Quand tu te mets à crier, je ne t'entends plus. Et pour me défendre, je suis obligée de crier à mon tour, ce que je commence à très bien savoir faire, mais, un jour, aucun de nous deux n'entendra plus l'autre et nous n'aurons qu'une solution, nous séparer. »

Il me dévisage avec dans le regard un mélange d'irritation et d'angoisse, et j'ai l'impression qu'il ne me comprend pas du tout. Je suis trop fatiguée pour poursuivre la conversation. S'il préfère le silence, il l'aura. J'ai l'impression de me retrouver devant mon fils Erich quand il avait cinq ans et que j'essayais de lui expliquer qu'il n'était pas obligé de tout accepter de la part de sa petite sœur de quatre ans. Je sais bien que, dans une relation amoureuse, il y a toujours des moments de désespoir, à côté de ceux de grand bonheur. Mais bon, ce soir, nous n'avons tout simplement pas envie de rentrer tout de suite à la maison.

Nous roulons donc jusqu'à Camporsevoli et, après avoir garé la voiture, étendons une couverture sur le sol jonché d'aiguilles de pin. Je m'allonge à plat ventre, une joue brûlante contre la fraîcheur de la terre. Fernando vient se coucher tout contre moi, comme pour me protéger, et je ne peux pas m'empêcher de sourire en pensant à l'ironie de tout cela. Nous finissons par nous assoupir, pour nous réveiller plusieurs fois, échanger quelques mots, sombrer à nouveau, jusqu'à ce que les premières lueurs de l'aurore, puis les premiers rayons du soleil illuminent le ciel.

AUTOMNE

6

Vendemmiamo, *allons faire la vendange*

Nous approchons du Palazzo Barlozzo, il est tout juste sept heures, un peu trop tôt pour que le duc vienne nous rendre visite et pourtant le voilà qui apparaît derrière la maison. Nous descendons de voiture et allons à sa rencontre. Tel un vieux papa qui s'est fait du souci pour sa progéniture et, très soulagé, constate que tout va bien, il commence par parler d'autre chose, d'un air indifférent.

« *Buongiorno, ragazzi,* bonjour, les enfants. Je suis venu vous dire que les vendanges commenceront demain matin à Palazzone, au lever du soleil. Je viendrai vous chercher à cinq heures. Soyez prêts.

— Super, formidable, génial. Bien sûr que nous serons prêts », répondons-nous gaiement, mais un peu honteux de notre aventure, en essayant d'en dissimuler les traces. De toute évidence, il sait qu'il y a eu un gros problème et, au moment où Fernando s'apprête à le lui expliquer, le duc se tourne vers moi :

« Écoutez, ma belle, la prochaine fois que

vous aurez envie de vous défouler un peu, prenez plutôt la route de Celle. C'est moins dangereux. Que vous ayez besoin d'exploser est une chose. Mais que vous perturbiez la paix du voisinage en est une autre. »

Et, sans autre préambule, cet homme, qui ne m'a même encore jamais serré la main, m'attrape par les épaules et m'embrasse sur les deux joues, en ajoutant qu'il nous verra donc le lendemain matin. C'est stupéfiant de constater qu'il sait parfaitement que nous venons de passer une nuit pas comme les autres, et aussi qu'il peut réprimander, calmer et menacer à la fois, avec quelques mots seulement et un geste.

« *Adesso, io vado a fare colazione in santa calma,* et maintenant je vais aller prendre mon petit déjeuner au calme », ajoute-t-il, le regard assassin, puis il s'éloigne en clopinant en direction du poulailler.

Fernando et moi essayons de ne pas éclater de rire, mais sans succès et, quand il nous entend, il se retourne, riant lui aussi :

« *Vi voglio un sacco di bene, ragazzi,* je veux votre bonheur, les gosses », nous crie-t-il, tandis que commence à tomber une petite averse de septembre.

Dès le mois de juin, nous avions demandé à Barlozzo où, à son avis, nous pourrions participer aux vendanges. Dans ma vie de journaliste, j'avais voyagé un peu partout en Europe et cueilli le raisin ici et là, à Bandol, à Madère et une fois même dans le Chianti, plus au nord de la Toscane, pour accumuler informations et impressions destinées à nourrir mes articles. Je ne pouvais pas désormais vivre ici, en Italie, et ne pas participer à la *vendemmia,* et Fernando en avait encore plus envie que moi. Mais Barlozzo ne se montrait pas très enthousiaste. Il voulait savoir si nous réalisions qu'il s'agissait d'un travail absolument mortel, commençant à l'aube, dès que la rosée s'évaporait, et ne se terminant qu'au coucher du soleil. Il nous expliquait qu'entre voisins on se réunissait pour vendanger chez l'un, puis on passait chez le suivant, et encore le suivant, jusqu'à avoir parcouru six ou sept petits vignobles.

« Vous, vous allez chez qui ? » lui ai-je demandé un soir, espérant qu'une question aussi directe nous épargnerait un supplément de discussions.

« Oh, d'habitude je donnais un coup de main à mes cousins de Palazzone, mais aujourd'hui, avec leurs nombreux enfants tous mariés, ils sont si nombreux qu'ils n'ont plus besoin de moi.

— Alors nous pouvons peut-être aider autrement, faire la cuisine, par exemple ?

— Ce que vous ne comprenez pas, c'est que vendanger est une affaire de famille, on n'y admet ni curieux ni admirateurs. Mais je vais me renseigner à droite et à gauche. »

Après cet exposé clair et précis, je n'ai plus abordé le sujet. Et voilà que ce matin, d'un seul coup, il nous annonce que c'est pour demain.

La *vendemmia* est l'événement le plus important de l'année pour un fermier toscan. La culture de la vigne est la plus ancienne de toutes, en Italie, et s'y mêlent des rites païens et chrétiens. À peu près chaque paysan a sa vigne, la sienne ou celle de son patron, soit une centaine de pieds maigrichons adossée à des mûriers ou en bordure d'un champ de maïs, soit des hectares et des hectares de pieds luxuriants, bichonnés par des mains expertes. Chez les cousins de Barlozzo, c'est un peu entre les deux. On y cueille les grappes à la main, au rythme très ancien du « clic » que fait le sécateur.

Les vendangeurs remplissent des paniers en osier, lesquels, une fois pleins, sont vidés dans de vastes bassines en plastique. Des wagonnets attendent qu'on les charge, et le tout s'en va jusqu'au pressoir. Ici, les différentes opérations vont se passer pratiquement sur place. Les fruits, non traités, non trafiqués, exactement comme Dieu les a faits, vont devenir un vin brut, tout en muscles, où il n'y aura pas de parfum de violette ou de vanille, pas le moindre goût de cuir anglais, mais juste le jus du raisin, mûri dans son tonneau.

En descendant de la camionnette de Barlozzo, à l'entrée du vignoble, je vois un groupe d'une trentaine de personnes qui attendent à côté d'une pile de paniers. Tous ces gens ont les cheveux attachés par une espèce de bandana ou de fichu — pour retenir la sueur, plus que pour se protéger du soleil. Je décide de remettre tout de suite dans la voiture le chapeau de paille à large bord qui me ferait ressembler à Audrey Hepburn dans *Diamants sur canapé* — et j'espère que personne ne m'a vue avec. Barlozzo me tend à la place un bout de tissu bleu et blanc impeccablement repassé. Il évite de croiser mon regard, ce qui fait que je me sens encore plus ridicule d'être venue avec ma capeline. Je voudrais lui demander pourquoi il ne m'a rien dit quand il est venu nous chercher, mais je m'abstiens. Par contre, il approuve d'un geste du menton la casquette de base-ball noire de Fernando.

Je réalise alors que tous les vendangeurs, sauf nous, ont un sécateur à la ceinture. J'ai brusquement le sentiment d'être un chef sans ses couteaux, un plombier sans ses pinces ou ses tournevis. Heureusement, le *vinaiolo*, le vigneron, va nous en donner un, ainsi qu'une paire de gants. Après quoi, il assigne un territoire à chacun et fait une petite démonstration technique aux nouveaux venus. Je me rappelle qu'en Californie, où j'ai autrefois participé aux vendanges, le propriétaire des lieux faisait expertiser quelques grappes en laboratoire avant de commencer. Il fallait connaître la concentration en sucre des fruits d'abord et éventuellement attendre encore un jour ou deux. Ici, c'est une autre histoire : quand la lune est descendante et que les grains sont noirs, poudrés de blanc et sans trace de rosée, ce qui risquerait de nuire à la pureté du jus, le *vinaiolo* coupe une grappe ou deux, les frotte contre sa chemise, croque quelques grains, les mâche, les avale, sourit et dit : « *Vendemmiamo,* allons faire la vendange. »

Mais, juste avant de commencer, il faut que j'aille aux toilettes. Deux femmes en tablier, chaussées de chaussures correctives découpées au talon pour plus de confort, me montrent le chemin et se soucient de savoir si tout va bien. Je suis la dernière à me glisser dans une des allées entre les pieds de vigne. J'ai deux partenaires, Antonio, un bellâtre d'environ trente ans, et Federico, soixante-dix ans sonnés et galant comme un gentilhomme. Quand tous deux voient que je sais tenir un sécateur, le poing refermé sur le manche recourbé, de façon à plonger au milieu des feuilles pour couper la grappe et la faire tomber dans mon panier au même rythme, ils s'exclament : « *Non è la tua prima vendemmia, bravo signora.* Ce n'est pas votre première vendange, bravo signora. »

Au bout d'à peine deux heures, je suis trempée de sueur et tachée de jus rouge. Je me sens fiévreuse et faible comme un bébé en émergeant de la moiteur des vignes pour ressortir sous l'écrasant soleil. C'est le premier repos collectif du matin et je ne me rappelle pas avoir jamais été aussi fatiguée. J'ai l'impression que mes jambes ne me portent plus. Tout mon corps me fait mal mais, en même temps, c'est une sensation assez formidable, un peu comme ce qu'on ressent après l'amour. Je cherche Fernando du regard et l'aperçoit qui, de la main, me demande de le rejoindre.

Nous allons retrouver les autres, rassemblés autour d'un stock de bouteilles d'eau minérale, entassées dans des bacs à l'ombre de deux vieux chênes — à proximité immédiate de tonneaux de vin. Personne ne boit l'eau, on se la verse sur la tête, les épaules, la poitrine, les bras. Mais on boit le vin, ce qui me paraît tout à fait sensé, donc je fais la même chose. Federico remplit une deuxième fois mon gobelet et je le vide d'un trait. Après quoi, je suis un peu étourdie, mais cela ne m'empêche pas d'aller me servir dans le grand panier rempli de paninis au prosciutto ou à la mortadelle.

Ensuite, je rassemble mes forces pour retourner à ma place, me courber encore et continuer à couper les grappes. Finalement, j'entends le son d'un accordéon et une sorte de chant. Je me dis que ce doit être l'effet d'un bon coup de soleil, mais Antonio déclare : « *È ora di pranzo,* c'est l'heure du déjeuner. »

Quelle bonne idée... Je retrouve Fernando étendu de tout son long dans sa rangée. Il me dit en riant qu'il ne pourra plus jamais bouger. Nous rejoignons nos compagnons autour de la grande table dressée sous les deux chênes et recouverte d'une nappe verte et bleue. On y a disposé de grosses miches de pain, des roues entières de *pecorino* et un énorme salami typiquement toscan, parfumé au fenouil sauvage. Il y a aussi des plats chargés de *crostini,* des petites tranches de pain recouvertes de foies de volaille hachés. Quelqu'un apporte un bidon de vin et on va faire la queue pour remplir les cruches. Certains se servent directement au verre.

Un peu plus loin, des femmes grimpées sur des échelles cueillent des figues dans les arbres. On les entend rire. Elles nous apportent leur récolte dans un pli de leur tablier et font rouler les fruits devant nous. J'en prends une, encore tout chaude et mords dedans, la bouche humide de vin. J'en tends une autre à Fernando qui la mange tout entière, les yeux fermés. Chacun reste tranquille, à moitié endormi, pendant une demi-heure. Un accordéoniste continue à jouer et à chanter.

Le *vinaiolo* circule entre les rangées de pieds de vigne en répétant : « *Per oggi, basta, ragazzi,* pour aujourd'hui, ça suffira, les enfants… »

Il est à peine plus de cinq heures, deux heures plus tôt que ce qui était prévu, et les vendangeurs veulent savoir pourquoi on s'arrête. Finalement, le bruit se répand que c'est parce que nous avons cueilli à une vitesse record et que le pressoir ne peut pas recevoir davantage de grappes. Des clameurs d'enthousiasme s'élèvent et les vendangeurs se congratulent et s'embrassent. Avant d'aller retrouver qui sa voiture, qui sa camionnette, on se passe des petits verres de grappa, après quoi, à la maison, un bain et au lit. Le *vinaiolo* serre la main à chacun, remercie chaleureusement pour l'aide fournie.

Pendant neuf jours de suite, nous allons vendanger avec les mêmes « champions » dans quatre vignobles différents. Le temps se maintient beau et chaud, la bonne humeur et l'énergie ne se démentent pas. Le dernier soir, en rentrant avec Fernando et Barlozzo, je déclare que mes cuisses se sont musclées d'une façon incroyable. Mon mari dit qu'il est maintenant certain d'être fait pour travailler la terre. Barlozzo proteste que nous traversons la crise de la quarantaine, un point c'est tout, nous n'avons rien fait d'autre que cueillir un peu de raisin chez des voisins. C'est sa façon à lui de nous ramener sur terre. Puis, pour adoucir un peu ses propos, il nous demande si nous sommes prêts pour la fête du soir. Nous répondons que oui, bien sûr. En sautant de la camionnette, Fernando lui dit qu'on se retrouve au Centrale tout à l'heure pour l'apéritif. Bien que ce rituel soit immuable, il y en a toujours un pour le rappeler aux deux autres.

Le dîner des vendanges a lieu dans le plus petit et le plus beau des vignobles où nous avons travaillé. Il est bordé de pins d'un côté et d'une oliveraie de l'autre. Les longues tables aux nappes blanches empesées sont en fait des planches posées sur des tonneaux. Elles sont éclairées aux bougies et des torches ont été plantées dans le sol rouge tout le long du chemin qui mène au bâtiment principal de la ferme attenante. L'odeur du pain qui vient d'être cuit se mêle à celle du vin nouveau. Un quartier de lune brille au ciel.

Je voudrais proposer mon aide, mais la troupe des trente vendangeurs est devenue une cohorte d'au moins soixante ou soixante-dix personnes. Je me contente donc de regarder. Mon coéquipier, Federico, propriétaire des lieux, vient nous accueillir et m'entraîne vers la cuisine à la porte largement ouverte et où sa femme et ses filles sont à la manœuvre. Je compte au moins neuf cuisinières, mais elles s'activent tellement qu'elles sont peut-être en réalité plus nombreuses. Tout en travaillant, elles chantent — les sopranos posent des questions aux mezzos, qui leur répondent, puis les interrogent à leur tour. Une opérette se joue ici entre paquets de farine et nuages de buée.

On me raconte l'histoire des pains qu'on est en train de confectionner, en étalant sur une table des ronds de pâte assez fine, recouverts ensuite de grains de raisin, provenant des toutes premières grappes cueillies par le *vinaiolo* dans chaque vignoble. Ces grappes ont été emportées à l'église et bénies par le prêtre. Puis les grains ont macéré dans de l'huile d'olive extravierge, parfumée au romarin et au fenouil. Avant d'enfourner, on saupoudre un mélange de sucre blanc et de sucre roux sur le tout, plus quelques bons tours de moulin à poivre. Et hop, dans le four à bois, au fond de la cuisine.

Federico est parti chercher la reproduction d'une urne étrusque et il me montre, en faisant glisser son doigt sur les motifs en relief de chaque côté, qu'ils représentent des femmes brandissant des sortes de disques : « *Vedi, sicuramente anche gli Etruschi hanno fatto questo pane durante la vendemmia,* regardez, les Étrusques faisaient sûrement le même pain pendant les vendanges. »

En un rien de temps, c'est cuit et Federico sort les pains du four pour les poser sur une grande planche, que quatre femmes vont soulever et porter triomphalement jusqu'aux tables, le long du sentier éclairé par les torches, aux cris de « *brave, bravissime* ». Elles en distribuent trois ou quatre à la fois sous les applaudissements.

Federico veut maintenant me faire découvrir

une autre merveille : sous les cendres chaudes du feu de la veille, il a fait cuire de gros haricots blancs dans des bouteilles à fond très épais qu'il tient de son grand-père. Il a mélangé de l'eau, de la sauge, de l'ail, du romarin, du sel, du poivre et une bonne dose d'huile d'olive, a ajouté les haricots et rempli les bouteilles avant de les fermer avec des bouts de tissu mouillé, pour que la vapeur s'évacue et que le verre n'éclate pas. Et il a laissé cuire depuis le soir précédent. Maintenant il vide toutes les bouteilles dans un vaste récipient et ajoute encore un filet d'huile. Une fois que les convives sont assis, lui et sa femme viennent servir chacun, comme les grands-parents l'ont fait avant eux.

Il se passe trop de choses à la fois, trop de gens veulent me montrer chacun quelque chose, je virevolte de table en table, je retourne à la cuisine, on me fait goûter ceci, cela, on insiste — et j'ai faim, j'en veux encore plus.

Une des femmes écrase avec un pilon des grains de raisin dans un bol et m'annonce qu'elle va garder ce mélange toute la nuit sur le visage. C'est excellent pour la peau, le lendemain elle aura les joues roses et fraîches. Comme elle ne doit pas avoir plus de vingt-cinq ans, je me dis qu'elle les aurait de toute façon, mais je m'abstiens et la remercie simplement du conseil.

Je découvre une autre façon de cuisiner le raisin : glisser des grains tout juste cueillis et lavés entre des rangées de grosses saucisses alignées dans trois plats en cuivre. Une giclée d'huile d'olive et le tout au four. « *Quaranta minuti et saremo pronti, ma adesso venite tutti per il battesimo.* Dans quarante minutes, ce sera prêt, mais, d'abord, venez tous pour le baptême », nous annonce Federico. Les convives se rassemblent à la barrière du potager, toujours à la lueur des torches. Un jeune homme blond en jeans et tee-shirt rose tient un bébé dans ses bras, enfoui sous une couverture blanche. Sur une petite table est posée une bassine en bois drapée de toile blanche. Chacun retient son souffle. Le père récite une prière où il remercie pour la récolte, remercie pour le vin qui donnera santé et bien-être, il remercie ses amis et ses voisins pour leur amitié et leur affection, remercie pour la naissance de ce beau bébé, un garçon qui va s'appeler Filippone. Puis très vite, la couverture tombe, le père soutient d'une main la tête de son fils, de l'autre son dos et le plonge une fraction de seconde dans la bassine pleine de vin nouveau. Puis il soulève très haut son bébé de six jours, sous les cris de « *E viva Filippone!* Longue vie à Filippone ! ».

Dans quelques jours, l'enfant sera baptisé à l'église. Rites païens, rites chrétiens, Filippone sera paré de tous les côtés.

Après cela, chacun retourne à sa place. On remplit les verres et on fait passer, comme dans tout souper toscan qui se respecte, des fines tranches de salami et des *crostini* aux foies de volaille. Ensuite il y a les haricots de Federico et les saucisses bien grillées et craquantes, baignant dans le jus de raisin, accompagnées de morceaux de potiron caramélisés. C'est sûrement ce soir-là, au milieu de ces convives-là, dans une harmonie parfaite de saveurs, que je fais un des plus délicieux repas de ma vie.

Alors que je crois que c'est fini — on a enlevé les assiettes, balayé les miettes sur la nappe —, la troupe des cuisinières réapparaît avec des paniers débordant de *biscotti*, et de *crostate* bien secs, qu'on va ramollir dans des petits verres de *vin santo*. « Attendez, attendez, annonce Federico, il y a aussi la *saba*. » La *saba*, c'est le moût, le jus non fermenté qu'on a fait réduire à petit feu jusqu'à devenir une sorte de sirop épais et sensuel. Chaque famille en garde précieusement quelques bouteilles. Ce soir, on nous en verse un filet sur du mascarpone servi dans des tasses à café. Après, plus personne n'a envie de bouger, chacun semble perdu dans ses pensées. Fernando s'est à moitié assoupi, la tête sur mon épaule. Quelqu'un joue quelques accords sur une mandoline. On entend le bruit très doux des lèvres de Filippone qui tète.

SAUCISSES RÔTIES AUX GRAINS DE RAISIN

Pour six personnes :
1/4 de litre d'huile d'olive extravierge ;
2 cuillers à soupe de romarin ;
2 cuillers à café de graines d'anis ;
2 cuillers à café de graines de fenouil ;
poivre au moulin ;
1 kilo de saucisses de porc (sans ail) ;

1 kilo de grains de raisin, noir et blanc mélangés ;
1 bon verre de vin rouge.

À feu doux, chauffer l'huile (ne pas laisser bouillir), ajouter les herbes et laisser infuser quinze minutes. Piquer les saucisses à la pointe du couteau, puis les pocher à l'eau frémissante pendant cinq minutes.

Les égoutter, les disposer dans un plat allant au four, les recouvrir de l'huile parfumée et ajouter les grains de raisin. Puis au four chaud pendant vingt-cinq minutes.

Retirer les saucisses, les garder au chaud et déglacer le plat au vin rouge, sur feu doux d'abord, puis plus vif pour que la sauce réduise jusqu'à consistance d'un sirop ou presque, qu'on versera sur les saucisses.

HARICOTS BRAISÉS

Pour huit ou dix personnes (mais seulement quatre Toscans...) :
1 livre 1/2 de haricots blancs qu'on a mis à tremper toute la nuit ; les cannellini conviennent bien ;
2 cuillers à café de gros sel ;
1 bon verre d'huile d'olive ;
1 demi-litre d'eau ;
1 demi-litre de vin blanc sec ;
1 grosse branche de romarin ;
3 ou 4 gousses d'ail ;

une bonne poignée de feuilles de sauge ;
1 cuiller à café de sel fin.

Comme tout le monde n'a pas la possibilité de faire cuire des haricots dans une grosse bouteille sous la cendre, voici l'alternative :

Égoutter les haricots, les mettre à bouillir dans l'eau salée au gros sel, d'abord à feu vif, puis à feu doux environ une heure. Les égoutter, puis les verser dans une marmite à fond épais avec l'huile, l'eau, le vin, l'ail, les herbes et un peu de sel fin. Laisser cuire à feu doux deux heures. Les haricots doivent être crémeux.

7

Dolce e salata, *sucré-salé, parce que la vie, pour moi, a ce goût-là*

« Parce que les choses sont différentes aujourd'hui, voilà pourquoi, me dit Floriana. Je me suis épuisée à faire cela pendant plus de vingt ans. Savez-vous combien de tonnes de pêches, de prunes, de tomates, de haricots verts et de poivrons j'ai épluchées, lavées et mises en bocaux dans ma vie ? Et vous voudriez que je recommence ? *Neanche per sogno*, même pas en rêve ! » me dit-elle d'un ton définitif, tandis que nous cueillons les dernières prunes de mon jardin, en nous hâtant parce qu'un orage se prépare.

« Oh, je pensais faire des conserves pour ne rien perdre de tout ça, dis-je en désignant les paniers pleins autour de nous. Nous ne pouvons pas manger autant de prunes d'un coup, donc elles vont se gâter. En plus, ce matin, j'ai rapporté deux cageots de tomates du marché de Cetona et je me disais qu'on pourrait passer quelques heures ensemble à faire des conserves. Vous m'auriez montré comment commencer et j'aurais continué toute seule.

— Non, dit Floriana. Ça ne se passe jamais de

cette façon. Les conserves, c'est comme les baisers, on ne sait jamais où ça peut vous mener. Avant même de s'en être rendu compte, on se retrouve entourée de centaines de bocaux qu'on ne sait même plus où ranger et, dans mon cas, sans personne pour manger avec vous les choses délicieuses qu'ils contiennent. Autrefois, on devait faire cela simplement pour survivre. Mais aujourd'hui, préparer ses propres conserves n'a plus de sens. »

Je ne commente pas, je me contente de la regarder, assise sur les marches du perron. Je me dis que je la connais en réalité très peu. Elle ne semble pas avoir envie que j'en sache davantage sur elle. Elle est veuve depuis plus de vingt ans, n'a pas eu d'enfants et va quatre jours par semaine faire le ménage et la cuisine dans une famille de Città della Pieve. Elle habite un très joli, très petit appartement dans les combles d'un palazzo proche de l'église. Elle est née, elle a grandi, elle a toujours vécu dans ce village et, si elle a de chaleureuses relations avec ses voisins, elle a toujours l'air d'être un peu à part. Avec ses cheveux aux reflets roux, elle me fait penser à une madone de Raphaël et c'est peut-être la plus belle femme que je connaisse. L'ovale de son visage est parfait, sa peau a quelque chose de translucide et, quand elle rougit, on dirait une petite fille. J'ai cru comprendre qu'elle a dix ans de moins que Barlozzo, donc une petite soixantaine. Quand il parle d'elle, il dit *una ragazzina*, « une gamine », et elle l'appelle en patois *vecio mio*, « mon vieux ».

Depuis le jour de notre arrivée, quand elle est venue me demander si nous avions besoin d'aide, une très jolie relation s'est établie entre nous, qui nous fait plaisir à toutes les deux. Je pense souvent à cette soirée de juillet où nous sommes allées tremper nos pieds dans les sources chaudes. Depuis, les jours où elle ne travaille pas, elle vient souvent me rendre visite en fin de matinée pour me donner un coup de main à la cuisine. Ou alors elle va balayer les feuilles dans le jardin avec Fernando. Elle a toujours besoin d'être en train de faire quelque chose. Si nous sommes occupés, elle va s'asseoir dans une petite pièce à l'étage et raccommode un peu. Il y a là une table sur laquelle j'ai disposé des douzaines de photos qu'elle regarde longuement. Elle dit qu'elle aimerait connaître mes enfants. Elle trouve que Lisa ressemble à Audrey Hepburn et devrait tenter sa chance à Hollywood. Quant à Erich, elle commente qu'il a des yeux trop tendres « pour vivre au milieu des loups ». Elle s'attarde aussi sur les images de notre mariage, surtout une où Fernando m'aide à descendre d'une gondole.

Elle ne reste jamais longtemps, une heure, pas plus, ne veut pas entendre parler de déjeuner ou dîner. Je crois qu'elle aime simplement être là. Parfois, le soir, nous allons bras dessus bras dessous marcher un peu sur la route de Celle, en grignotant quelques friandises. Elle ne parle jamais beaucoup mais me pose à l'occasion des questions sur San Francisco, où j'ai travaillé plusieurs années. Elle aimerait traverser le Golden Gate Bridge et prendre le ferry jusqu'à Sausalito

— elle a vu ça dans un film. Elle me fait raconter encore et encore ma rencontre à Venise avec Fernando. Un jour, je lui parle de Barlozzo et lui demande depuis combien de temps ils sont en couple. Elle me répond qu'ils ne le sont pas, simplement amis pour la vie. Quand elle était très jeune, ajoute-t-elle, elle a été folle de lui, mais il ne la regardait même pas, c'était un loup solitaire, *un lupo solitario.* Je comprends que mes questions la dérangent, peut-être parce qu'elle n'a pas les réponses. Peut-être aussi, tout simplement, parce qu'elle est toscane.

« Oh, dit-elle, je ne suis pas quelqu'un qui aime transmettre nos traditions, comme Barlozzo le fait avec vous deux, surtout avec Fernando. Il ne vous le dira jamais, mais il est content de vous prendre par la main et de vous offrir une sorte d'héritage en histoires. Vous êtes devenus des complices, tous les trois. Ici, il connaît tout le monde, depuis toujours. Alors que vous lui apportez quelque chose de nouveau et il sent qu'il a beaucoup à vous donner. À part les conserves, il sait tout faire, découper un cochon, préparer le prosciutto, le salami, le boudin, le fromage de tête. Oui, ça et bien d'autres choses. Et c'est un homme bon, *Barlozzo è buono come il pane,* Barlozzo est bon comme du bon pain. »

Elle essaye de détourner la conversation, je le vois bien, mais avec moi ça ne marche pas. Elle s'en rend compte et coupe court :

« *Ciao,* ma petite, je dois y aller. Vous savez de quoi vous avez besoin ? D'un immense congélateur où vous pourriez entasser toutes les prunes de Toscane. »

Et nous éclatons de rire toutes les deux. Après quoi elle s'en va, silhouette solitaire sur la route, que je regarde s'éloigner, au milieu de mes paniers de fruits, sous la pluie qui tombe maintenant en rafales.

Barlozzo et Fernando sont assis à la table de la salle à manger en train de dessiner et, cette fois, ce sont les plans d'un foyer en plein air. Pour réaliser ce projet, ils ont besoin de grosses pierres et d'un emplacement plat, d'où les flammes ne menaceront pas les arbres. Disons qu'il va s'agir d'une sorte de barbecue primitif, où nous pourrons faire des grillades et aussi cuire dans la braise des ragoûts divers et variés. Mais cela ne servira pas seulement pour la cuisine. « Bientôt, nous annonce le duc, vous allez prétendre qu'il fait trop froid pour rester dehors et vous raterez les plus belles soirées de l'année. Évidemment, au cœur de l'hiver, vous serez obligés de vous blottir près de la cheminée, mais, en attendant, il suffira de venir vous asseoir à côté de ce foyer pour dîner en plein air, sous les étoiles, comme les bergers. » Il sait très bien que l'allusion aux bergers va me plaire. Mais Floriana avait raison, c'est de Fernando qu'il est le plus proche. Il répète sans cesse à quel point c'est merveilleux qu'il se soit « *scappato dalla banca,* échappé de la banque ». Et je me demande s'il n'aurait pas voulu lui-même, il y a longtemps, s'échapper de quelque chose, et ne l'a pas fait. Quant à Fernando, il se dit peut-être qu'il aurait pu en vieillissant devenir un peu le même vieil ours solitaire, toujours prêt à se mettre en colère.

Il y a une *cava*, une carrière de pierres à quelques kilomètres de chez nous, sur la route de Piazze. Fernando dit qu'on trouvera là de quoi bâtir un colisée mais Barlozzo se méfie : on nous verra sûrement à l'œuvre, on viendra nous demander ce que nous faisons, et il y aura toujours quelqu'un pour critiquer la construction du fameux foyer. Le duc veut que ça reste sa chose à lui :

« On va avoir au moins trente opinions différentes sur la meilleure façon d'empiler les pierres. Non, on va aller en Ombrie, je connais un endroit où le Tibre est très bas à cette saison et on trouvera ce qu'il nous faut dans son lit. En outre, c'est une jolie promenade. »

Et donc, par un bel après-midi, nous hissons notre brouette dans la camionnette du duc, où il a déjà empilé des outils datant de l'âge de pierre et en route. Fernando se met à chanter des airs de Cole Porter — ce que nous faisons parfois tous les deux le soir, au Centrale, chaudement applaudis par les habitués. Et cela peut durer des heures. Barlozzo a même fini par apprendre en phonétique un refrain ou deux. Il articule très soigneusement chaque mot, en prononçant bien chaque voyelle — et il est toujours en retard d'une mesure sur nous. Mais l'accent toscan se mêlant au vénitien est d'un bel effet.

Tandis que nous roulons vers Ponticelli, pour

aller prendre l'autoroute, puis un chemin tortueux jusqu'à Todi, il me pousse du coude pour m'enjoindre de chanter aussi. Il me fait au passage des remarques sur ma tenue du jour, une longue jupe noire que je mettais autrefois pour patiner et un collant assorti. Il trouve que cela semble dater des années 1880 et je réponds que je suis d'accord, mes vêtements et moi sommes peut-être des survivants d'une époque révolue.

Le duc finit par arrêter la camionnette près d'une rangée de pins, nous sortons brouette, pelles et pioches, et descendons jusqu'au bord du fleuve. J'ôte mes bottes et vais tremper mes pieds dans l'eau glacée du Tibre. J'avance un peu, pratiquement jusqu'à l'autre rive, à une distance d'environ huit mètres et, d'un seul coup, je me sens très heureuse, je me dis que j'aime tellement ma vie actuelle, c'est comme si j'avais gagné un prix, gagné le droit de patauger ainsi, sans risquer qu'on vienne me déclarer que je ne peux pas faire ça.

Mes deux hommes s'activent à soulever des pierres, chacun armé d'une pioche, et ils remplissent la brouette à plusieurs reprises. Moi, je me contente de les encourager en chantant et en leur donnant la liste des plats délicieux que je ferai cuire dans notre futur foyer en plein air. Je tords le bas de ma jupe que j'ai mouillé et remonte m'asseoir un moment dans l'herbe, puis je fais un petit tour dans le bois tout proche où je cueille des branches ornées de baies orange. Arrive l'heure de rentrer. Nous nous arrêtons à Todi, d'abord pour un *espresso*, puis, après quelques pas dans les rues, un verre de prosecco. Il est à peine sept heures, beaucoup trop tôt pour dîner, mais nous avons faim, indécemment faim.

« Bon, déclare Barlozzo, on repart, on s'arrête quelque part pour regarder le coucher de soleil et, ensuite, on trouve un restaurant de poissons sur la route. »

Nous faisons donc d'abord une halte au bord du Tibre. Des nuages couleur abricot traversent le ciel qui prend à l'horizon des teintes cramoisies. Nous avons enfilé tous les trois tricots et vestes car la brise du soir est fraîche et sans même l'avoir prémédité, voilà que je m'entends déclarer :

« Nous avons envie d'acheter une maison.

— Où ? » s'enquiert Barlozzo.

C'est Fernando qui répond :

« Aussi près de San Casciano que possible.

— Je croyais que vous ne faisiez que passer par ici, qu'il s'agissait pour vous d'un interlude, d'une aventure, d'un moment de plaisir. Je pensais que vous alliez repartir pour Venise, un jour ou l'autre, ou aux États-Unis. Que pourriez-vous bien faire ici ? Je comprendrais que vous ayez envie d'un lieu de vacances. Tout le monde semble souhaiter en avoir un. Mais, pour la plupart, les gens qui achètent une maison dans la région ont ailleurs une vie, un foyer, un travail. Oh, ils aiment venir passer quelques jours ou semaines chez nous, ils aiment ce coin, ou ce qu'ils se soucient d'en voir. Mais, au mieux, ce sont des équilibristes, un pied ici, un autre là. Et au bout du compte, ils ne sont nulle part. Ils jouent la carte de la sécurité. Et je n'ai pas l'impression que ce soit votre cas à tous les deux. Pourquoi voudriez-vous vous *installer* ici ? »

Je désigne du menton le fleuve et les arbres :

« À cause de tout ça et de tout ce que nous avons trouvé à San Casciano. J'ai envie de vivre au milieu de ces collines, où paissent des moutons, j'ai envie de voir le vert argenté des feuilles d'olivier, je veux entendre le son des cloches dans la brume. À cause de tout cela. Et à cause de vous. »

Je vois des ombres passer dans le regard du duc. Je poursuis :

« Je voudrais vivre ici, oui, à cause de vous. Que vous soyez mon professeur. J'aime l'idée que vous nous transmettiez ne serait-ce qu'un peu de ce que vous avez vu et fait, de ce que vous savez. Ou ressentez. »

Un silence suit. On n'entend plus que le bruit du fleuve et puis, soudain, des pas dans un sentier bordé de pieds de vigne qui descend d'une butte de terre derrière nous. Il commence à faire sombre mais nous devinons la silhouette d'une vieille femme, les cheveux dissimulés sous un fichu, une veste d'homme sur les épaules. Chaussée de sabots, elle avance lentement, en s'arrêtant pour cueillir les quelques grappes oubliées par les vendangeurs, et croque les grains directement dans le creux de sa main. Elle me fascine, j'ai l'impression de regarder par un trou dans le mur une autre moi-même. Nous ne sommes qu'à quelques mètres d'elle, mais elle ne nous a pas vus. Ou alors, elle nous ignore délibérément.

« Elle a envie de quelques douceurs avant que la nuit tombe, dit Barlozzo, n'est-ce pas ce que nous voulons tous ? Mais en attendant, moi, je veux une grande platée de petits poissons. »

Et il tapote de la main son vieux pantalon kaki pour en faire tomber la poussière.

Nous allons donc dîner de *latterini* frits, des petits poissons d'eau douce. On en pose trois assiettes débordantes sur notre table — il m'a semblé qu'une seul aurait suffi —, plus un pichet de vin blanc bien frais. J'observe Barlozzo qui les avale en une bouchée chacun. Je fais comme lui, lentement d'abord, puis de plus en plus vite pour bien m'imprégner du goût si riche. Quelques gorgées de vin, tout va bien.

Il a fallu une seule journée pour installer le foyer dans le jardin et, sur notre premier feu, je mets à griller une grosse saucisse achetée chez le boucher à la ceinture Dolce et Gabbana. Je la tourne et la retourne jusqu'à ce que la peau éclate. Nous en coupons ensuite des morceaux que nous mangeons directement sur des tranches de notre excellent pain. Une bonne bouteille n'est pas loin.

Nous sommes assis tous les trois à même la terre rouge de Sienne et, après avoir remis du bois sur les braises, nous regardons les flammes qui trouent l'obscurité. Fernando s'inquiète :

« Pourquoi veux-tu toujours être si près du feu ? Tu as envie de t'immoler ?

— Non, je cherche la bonne position. C'est

comme avancer au bord d'un précipice, ça me plaît d'être tout près, mais pas trop.

— Vous ne vous souciez guère du confort, remarque Barlozzo, tout comme moi, Marlena.

— Vous dites ça parce que je suis trop près du feu ?

— Non, simplement parce que cela symbolise bien le fait que ni le confort, ni la sécurité ne vous intéressent. En réalité, vous préférez prendre des risques. Nous nous ressemblons, nous savons que c'est la sécurité qui est risquée. Le risque donne du piquant aux choses. »

Le duc devient lyrique, ce soir. Fernando, stupéfait, le dévisage. Il m'a simplement demandé de m'éloigner du feu et voilà que cela déclenche un véritable discours. Barlozzo poursuit :

« *Cominciamo dal fondo,* commençons au commencement. Saint Augustin l'a clairement dit, chacun de nous va mourir. Toute chose pourrira un jour, un arbre, un fromage, un cœur, un corps. Quand on le sait, quand on l'a compris, la vie semble moins importante, ce qui l'est, c'est de la vivre comme on le souhaite. Vous êtes d'accord ? »

Nous nous regardons, Fernando et moi, et faisons signe que nous le sommes.

« Par définition, la vie ne dure pas. Tous nos efforts pour aménager la nôtre, la sécuriser, la protéger, ne nous laissent que peu de temps pour la vivre vraiment. D'ailleurs savons-nous comment nous voulons qu'elle soit ? À quoi nous avons envie qu'elle ressemble ? »

Fernando n'a pas l'air de savoir quoi dire et

moi je suis un peu perdue entre saint Augustin et le fromage qui pourrira. Barlozzo aime changer brusquement de sujet, et il ajoute alors : « Bon, si vous voulez, je vous aiderai à chercher une maison. »

Depuis notre premier soir à San Casciano, le bar du village est devenu une véritable annexe de notre maison. Rosealba, Paolo, Tonino, la signora Vera, tous les habitués nous ont adoptés et s'ingénient à nous faciliter la vie. Il y a un téléphone au mur, derrière le flipper, d'où je passe mes appels et, quand je parle à ma fille ou à mon fils, Lisa et Erich, à mon agent à New York ou à mes éditeurs en Californie, Vera fait taire ses enfants en leur disant que je discute avec le président des États-Unis. Après des années passées sous la sorbetière, un vieux fax a été exhumé, épousseté et même nettoyé à l'alcool, avant d'être cérémonieusement installé sur une petite table.

Trois ou quatre fois par jour, et certainement tous les soirs, nous venons donc là pour nos contacts avec le reste du monde et le Centrale devient réellement le centre de tout. C'est notre bureau, notre PC, notre refuge. Je commence à comprendre pourquoi certains Italiens racontent qu'avant de choisir un appartement ils vérifient si le bar le plus proche leur conviendra. C'est plus important encore que leurs futurs voisins. Le bar a remplacé l'église où on venait autrefois chercher du réconfort.

Barlozzo aime nous faire plaisir — enfin, à son idée. Il aime donner. Nous trouvons souvent un cadeau à notre porte, ou alors, un peu plus loin, au bord du chemin que nous empruntons pour aller dans les bois. Ce peut être un sac de mûres, taché de jus rouge, un gros bouquet de fleurs blanches, ou un tas de petites branches qui serviront à allumer le feu. Quand nous le remercions, il dit qu'il n'est pas au courant. Et voilà qu'un matin le cadeau va être l'énorme patte, cuisse, sabot et pelage compris, d'une bête sauvage, posée dans un sac en plastique sur le seuil de la maison. Quand je découvre ça, je referme précipitamment, en poussant un tel cri que Fernando, encore à moitié endormi et tout nu, se précipite dans l'escalier :

« *Cosa c'è ?* Qu'y a-t-il ? »

Je lui fais signe de la tête qu'il y a quelque chose d'effrayant juste derrière la porte.

« Mais qu'est-ce que c'est ?

— Va voir ! »

Il jette un regard dehors, puis chuchote :

« Il n'y a personne.

— Regarde encore !

— Seigneur, mais c'est seulement un cuissot de sanglier, voyons ! »

Il ouvre alors en grand, va chercher la chose, l'emporte jusque dans la cuisine et la dépose dans l'évier. Il ôte le plastique et, après avoir réfléchi, observe que cela doit peser au moins quinze kilos, sinon plus.

Je sens qu'il me vient une poussée d'adrénaline. Quinze kilos ou pas, cela m'est bien égal, je ne veux pas de ce monstre chez moi. Je suis sur le point de dire à Fernando de reprendre cette horreur et d'aller la jeter n'importe où, quand le duc apparaît, tout souriant :

« Bonjour les enfants ! Quelle belle journée, n'est-ce pas ? Ah ! je vois que vous avez trouvé mon joli sanglier. »

Je constate qu'il est trop bien élevé pour regarder en face Fernando encore tout nu, mais il ne semble pas s'en offusquer. Il se contente de pénétrer dans la cuisine, tandis que je pince une fesse de mon mari, qui sursaute, totalement oublieux de sa tenue.

« Oh, je m'excuse ! » s'exclame-t-il alors, et il file s'habiller, mais revient si vite qu'il est encore en train de fermer son pantalon. Je n'ai même pas eu le temps de reprocher au duc la peur qu'il m'a faite et me contente de les regarder tous les deux étaler des journaux sur la terrasse et se mettre à nettoyer et dépecer la bête. Barlozzo nous explique qu'il s'agit d'un sanglier de deux ans, les chasseurs de Piazze l'ont tué voici trois semaines, et, depuis, il est resté pendu dans le hangar du postier de San Casciano, avant d'être vendu ce matin. Très au courant de la façon dont se passent ces choses, il avait pris une option sur la patte arrière gauche : « *È la parte migliore da stufare in vino rosso,* ce qu'il y a de meilleur à faire cuire dans du vin rouge. »

Entourés de couteaux de diverses tailles, Fernando et lui se retrouvent bientôt à la tête d'une masse de chair et d'os. Je suis priée d'apporter ma plus grande sauteuse de cuivre, mais cela ne satisfait pas le duc. Il s'en va, pour revenir peu après avec une énorme bassine en terre cuite et plusieurs bouteilles de vin. Des herbes aromatiques encore pourvues de leurs racines sortent de ses poches. Il me demande de chauffer trois litres, tandis qu'il dispose les morceaux de viande dans le plat, ajoute les herbes, du sel et du poivre. Il verse ensuite le vin, met un couvercle, avec trois briques dessus, et installe le tout sur la terrasse. Il nous dit d'attendre trois, quatre ou peut-être cinq jours, en nous contentant de remuer la viande tous les matins. C'est Fernando qui va s'en charger, armé de deux longues fourchettes. L'après-midi, Barlozzo vient jeter un coup d'œil, renifle et décrète : « pas encore ». Il fait cela six fois de suite. Puis il annonce finalement qu'on peut y aller.

Fernando a déjà allumé le foyer du jardin et il s'active pour avoir le mélange de braises et de cendres chaudes convenant au duc. Il faut, paraît-il, que je laisse d'abord mijoter la préparation sur le fourneau et cela met un temps fou à se décider à bouillir. Dès que les premières bulles apparaissent, Barlozzo emporte le plat dehors, l'enfonce dans la cendre et pose le couvercle à l'envers, avant de le remplir également de cendre. Les ordres sont de ne plus toucher à rien jusqu'au lendemain matin. Cela paraît difficile à accepter pour Fernando. À plusieurs reprises, il va tourner autour du feu. J'ai l'impression que la nuit lui paraîtra longue.

Quand, de bonne heure, le duc apparaît et soulève le couvercle, nous voyons que la viande a pris une belle teinte brune, la sauce parfumée aux herbes a bien réduit et sa délicieuse odeur nous donne furieusement envie d'y goûter. Mais non, il paraît qu'il va falloir attendre encore un jour. Comme l'obéissance a des limites, dès que nous nous retrouvons seuls, Fernando et moi filons remplir deux assiettes creuses de ce fabuleux ragoût. Je prends un peu de sauce à la louche, y ajoute un demi-verre de vin, du concentré de tomate et fais bouillir le tout dans une petite casserole. C'est drôlement bon, la viande est si tendre qu'on pourrait la manger à la cuiller. Avec du pain frais, cela fait un excellent — et inhabituel — petit déjeuner.

Le lendemain, je sers au duc d'abord des pâtes avec cette merveilleuse sauce, puis du ragoût. Nous mangeons, nous mangeons, mais j'ai l'impression qu'il en reste toujours autant. C'est à la fois plus sucré et plus fort en goût que du porc, avec un léger parfum de noisette. Nous n'allons pas pouvoir tout dévorer à trois...

Depuis un certain temps, nous avons l'habitude, chaque vendredi soir, d'emporter notre dîner pour le prendre au Centrale. C'est une façon d'avoir un peu de vie sociale. Nous partageons ce que nous avons avec ceux et celles qui se trouvent là et, cette fois, cela va être sanglier pour tout le monde pendant au moins trois repas ! Après, ce sera un gâteau de pommes de terre gratiné au *pecorino*, avec un petit pot de sauce aux olives et à l'origan, ou des poivrons farcis au fenouil, peut-être des biscuits à la farine de maïs saupoudrés de sucre. Vera nous sert du vin, du pain, vient s'asseoir à notre table. Elle goûte un tout petit peu de chaque plat, très lentement, je ne sais jamais si cela lui plaît. Mais elle a toujours l'air contente. Puis elle nous dit bonsoir et remonte chez elle, à l'étage, pour regarder la télévision. Tonino fait office d'équipe de nuit. À chaque client qui entre, il propose un *espresso* ou un *digestivo*, puis sort de derrière son comptoir pour nous présenter. Bientôt, les dîners du vendredi soir vont avoir leur petite réputation. Plusieurs San Cascianesi viennent se joindre à nous avec leur repas à eux et ils nous racontent que c'était comme ça pendant la guerre, on partageait ce qu'on avait à manger. Ils nous donnent aussi les recettes de leurs grand-mères et arrière-grand-mères, et celles de leurs desserts préférés. Barlozzo vient faire un tour assez tard, pour boire sa grappa. Parfois il se sert, s'il reste quelque chose :

« *Ma perchè i tuoi piatti sono sempre dolce salati ?* Mais pourquoi vos plats sont-ils toujours sucrés-salés ? » demande-t-il un soir, après avoir saucé avec du pain le fond d'une marmite où il y avait eu du canard aux poires macérées dans du moscato.

« Parce que pour moi, la vie a ce goût-là. »

RAGOÛT DE PORC AU GOÛT DE SANGLIER

Pour six :
10 baies de genièvre ;
10 clous de girofle ;

10 petits piments ;
2 cuillers à café de sel ;
3 livres de porc, de préférence dans l'épaule, en gros morceaux ;
2 cuillers à soupe d'huile d'olive ;
3 oignons émincés ;
3 gousses d'ail épluchées ;
2 bouteilles de bon vin rouge ;
250 grammes de sauce tomate épaisse ;
2 cuillers à café de vinaigre ;
du romarin, frais de préférence ;

Écraser au mortier les baies de genièvre, les clous de girofle et les piments, ajouter le sel. Frotter ce mélange sur les morceaux de viande. Couvrir et laisser au réfrigérateur trois jours.

Chauffer l'huile dans une marmite à fond épais, essuyer la viande avec du papier absorbant, et la faire dorer.

Ajouter les oignons, l'ail, le sel, puis une bouteille de vin et la purée de tomate. Laisser mijoter et réduire un peu. Ajouter la seconde bouteille de vin, en en gardant un verre, de façon que les morceaux soient bien recouverts. Ne pas couvrir complètement et cuire à feu doux deux heures. Goûter pour vérifier si le porc est bien tendre et se défait à la fourchette.

Avec une écumoire, retirer la viande, la garder au chaud, monter le feu quelques minutes, verser le dernier verre de vin, le vinaigre, l'ail et le romarin dans la sauce.

Puis remettre la viande et laisser reposer quelques minutes. Une entrée de pâtes avec de la sauce sera parfaite. Puis le ragoût en plat principal, accompagné de pain, de salade et du même vin qui a servi pour la cuisson.

8

Les vrais châtaigniers, ce sont ceux-là

« *Sono buoni, proprio una delizia, quest'anno,* elles sont bonnes, un vrai délice, cette année. »

Le duc parle tout seul, en frappant de sa canne les branches les plus basses d'un des châtaigniers qui bordent la route allant au village. D'un coup de talon, il écrase une châtaigne, ôte l'écorce, la renifle et goûte. Fernando et moi rentrons au même moment du Centrale, où nous venons de prendre notre petit déjeuner. Nous nous approchons de lui par derrière, à pas de loup, pour le surprendre. Mais il a deviné que nous étions là et, sans se retourner, il annonce d'une voix forte : « *Domani !* Demain ! » Puis il pivote sur lui-même et nous salue en touchant de deux doigts son vieux béret bleu, plus un large sourire. Après quoi, il s'en va au village. Le moment de la récolte est donc arrivé. Il nous avait prévenus qu'il nous emmènerait dans les bois en ramasser avec lui dès le premier jour.

Le lendemain après-midi, nous nous mettons tous les trois en route, équipés de râteaux, d'une pelle, d'un instrument qui ressemble à un gigantesque tue-mouches, plus un grand panier en forme de cône avec courroies de cuir pour le porter à l'épaule, et trois gros sacs de jute empruntés au boulanger. En file indienne nous avançons dans le bois, sans que Barlozzo daigne regarder les châtaigniers qui nous entourent et qui me semblent très beaux. Il finit par s'arrêter devant un groupe de trois vieux arbres, au tronc énorme, et dit à mi-voix, comme s'il récitait une prière : « Les vrais châtaigniers, ce sont ceux-là. »

Nous posons nos armes à terre et le duc commence par ratisser le sol et déblayer un assez vaste espace des feuilles et des petites branches qui l'encombrent. Il ramasse uniquement les châtaignes récemment tombées et les met dans un des sacs. Nous l'imitons, chacun au pied d'un arbre. Puis il tend l'espèce de tue-mouches à Fernando, en lui enjoignant de frapper aussi fort et aussi haut que possible dans les branches.

Ce dernier se met en position, très concentré, se dresse et frappe. Une dégringolade de châtaignes s'ensuit. Encore un coup, un autre — chacun assorti de véritables cris de guerre. Le duc s'empresse alors de calmer son élève, lui prend l'instrument des mains et nous fait ses recommandations :

« Vous ne ramassez que les plus grosses, les plus brillantes. Laissez les petites aux animaux des bois. Et ne les prenez pas par poignées, seulement une à une, pour bien les examiner et rejeter celles qui ne conviennent pas. Prenez-en assez, mais pas trop. »

À la moindre occasion, le duc nous donne une

leçon de vie. Mais j'aime apprendre, à condition que les travaux pratiques suivent. Soudain, j'ai une idée :

« Et si on étalait un grand morceau de tissu sous chaque arbre ? Ce serait plus simple, on pourrait faire glisser directement les châtaignes dans le panier et les sacs. J'ai vu faire ça à la cueillette des olives.

— Peut-être, mais ici on ne fait pas comme ça. Et il s'agit de châtaignes, pas d'olives. »

Je grommelle tout bas que le duc est vraiment agaçant, tandis que Fernando grimpe dans les branches de plus en plus hautes et remplit ses poches au passage. Il semble s'amuser comme un gosse et cela me plaît beaucoup.

Très vite, j'ai les doigts complètement engourdis par le froid de cette fin d'octobre, mais mes gants sont trop épais, ce qui me rend très maladroite. Sans un mot, Barlozzo, qui s'en est aperçu, ôte les siens et me les tend. Il s'agit en fait d'une sorte de mitaines, découpées au bout des doigts, à partir de la première jointure. Je l'ai vu les porter à peu près tout le temps, même en été, bien qu'elles soient en laine. Je les enfile et, quoique trop grandes pour moi, elles sont parfaites.

Quand nos sacs sont pratiquement pleins, nous les traînons jusqu'à la camionnette de Barlozzo et rentrons chez nous. Il commence à pleuvoir et Fernando allume un bon feu dans la cheminée du séjour. Je nettoie la grande poêle à trous, très lourde, que le duc a apportée. C'est une pure merveille, avec un long manche en bois d'olivier. Nous allons devoir apprendre à ôter l'écorce de chaque fruit : il faut les poser, côté plat, sur une surface plane, une table fera l'affaire, et tracer au couteau une croix sur le côté bombé.

« Une croix, jamais un *x*, profère le duc. Un *x*, cela signifie qu'on annule quelque chose. Je vais vous montrer, si vous voulez. Mais d'abord, jetez une poignée de romarin dans le feu. Je sais que vous allez aimer ça. Bon, maintenant, installez les châtaignes dans la poêle. Comme elles sont fraîches, elles vont cuire en quelques minutes. Mais il faut bien les secouer tout le temps. Comme ça. »

Il joint le geste à la parole, puis me demande d'apporter une bouteille de vin rouge. Je cours lui servir un verre, mais c'est la bouteille qu'il veut et, quand il l'a, il pose son doigt sur une partie du goulot et asperge la poêle :

« Pour les rendre plus tendres encore », annonce-t-il.

Assis devant la cheminée, nous avons chacun deux bols devant nous, un pour les châtaignes, un pour les écorces, qui s'en vont très facilement. Nous n'arrêtons pas de faire des croix, de mettre à rôtir une nouvelle poêlée, d'éplucher, de manger et de boire. Et Barlozzo se met à nous raconter des histoires d'autrefois :

« Pendant les guerres, les gens n'avaient souvent rien d'autre pour se nourrir. Dans la région, jusqu'à il y a cinquante ans environ, la récolte des châtaignes était aussi importante que la culture de la vigne ou l'élevage des porcs. On utilisait tout : les feuilles pour nourrir les cochons et les poules, les écorces pour faire du feu et, aux périodes les plus dures, un succédané de café, le bois, quand il fallait sacrifier un arbre pour faire des meubles. Les gens parlent encore du pain qu'on confectionnait avec de la farine de châtaigne, de l'eau et un peu de levure. Certains l'appelaient *pane di legno*, "pain de bois", tellement il était dur.

« Pendant l'hiver 1943, mon père est rentré du front russe à pied, en passant par l'Ukraine, la Pologne, l'Allemagne et l'Autriche. Il est finalement arrivé en Italie avec un sac accroché à la ceinture, dans lequel il mettait les quelques châtaignes trouvées en route. Mais en février, il n'en restait presque plus, elles avaient été récoltées. Plus triste encore, quand des soldats comme lui se sont retrouvés chez eux, épuisés, ils ont vu que les membres de leur famille souffraient eux aussi terriblement de la faim. Il n'y avait pas de veau gras pour les accueillir, même pas de pain dans le four, pas de cruche de vin chaud. Les héros n'ont pas été triomphalement reçus. Pendant que mon père, en Ukraine, creusait dans la neige à la recherche de quelques châtaignes, ma mère et moi, agenouillés dans la forêt, en faisions autant sous les feuilles mortes.

« Ces journées-là sont gravées en moi, ce sont des plaies encore à vif qui ne se cicatriseront pas. Dès que la récolte commençait, nous partions, elle et moi, remplir des paniers, nos poches, mon béret. De retour à la maison, nous mettions notre trésor dans une vieille malle, à la cave, à l'abri des souris, les seuls petits animaux qu'on n'avait pas encore transformés en ragoût. Nous nous reposions un peu, nous réchauffions les mains au-dessus des dernières braises, puis repartions dans les bois. Je me rappelle aussi que nous ramassions les pignons de pin, les *pinoli*, un vrai trésor, que je serrais contre moi. Nous faisions griller les châtaignes en les aspergeant d'un peu d'eau rougie, ou alors nous en mettions à bouillir avec un oignon et quelques herbes aromatiques, jusqu'à ce que cela devienne une sorte de purée épaisse. Et nous nous disions que cela aurait été si bon avec un peu d'huile, ou du beurre et un soupçon de sucre.

« Ce qui restait, nous l'étalions sur la table de la cuisine, sous la forme d'un rectangle qui allait durcir pendant la nuit. Après, nous découpions avec une ficelle des sortes de petits gâteaux qu'on faisait rôtir, parfois entre deux feuilles de châtaignier.

« Pour conserver nos châtaignes le plus longtemps possible, il fallait les faire sécher et nous avions un procédé très astucieux : à mi-hauteur, dans l'escalier de chaque ferme, il y avait une sorte de balcon, le *supalco*, fait de grosses planches et d'une partie en grillage, située juste au-dessus du fourneau. On y déposait les châtaignes, qui allaient absorber la fumée du feu de bois. On appelait ça l'*essiccatoio*. Il fallait environ six semaines pour que la récolte soit préservée.

« Et c'est ensuite que le vrai travail commençait. On remplissait des sacs de fruits encore chauds, et on tapait dessus avec des maillets et des pierres pour ôter l'écorce. On vidait les sacs, on triait, on remettait les châtaignes dedans et je devais ensuite porter cela chez Tamburino, le meunier, qui le transformait en farine assez grossière, que je rapportais à la maison. C'était une tâche fatigante pour un gamin mais, après, cela devenait plus facile. Ma mère mélangeait trois ou quatre louches de cette farine avec un peu d'eau, que je laissais couler en filet pendant qu'elle touillait énergiquement. Puis j'ajoutais des pignons, prélevés sur ma réserve personnelle. On appelait cette sorte de gâteau le *castagnaccio* et il allait cuire dans un plat creux sous la braise. À la fin, ma mère écrasait dessus un peu de romarin. Comme vous, elle adorait le romarin. Je vous ai déjà dit à quel point vous lui ressembliez ?

« Ensuite, elle enfilait un tricot, se couvrait la tête d'un fichu et nous filions au bar tous les deux partager ce plat avec qui se trouvait là. À l'époque, cela se faisait beaucoup d'apporter au Centrale ce que chacun pouvait avoir comme souper. Nous étions si peu nombreux, au village, des femmes, des enfants et des hommes trop âgés pour aller se battre. Mais je crois que l'initiative est venue de ma mère. Elle a été la première à avoir cette idée. Après la guerre, cela s'est perdu, les gens sont restés chez eux, et puis vous avez fait la même chose, Marlena, vous avez commencé à apporter au bar vos plats si exotiques et cela nous a permis de nous rappeler que nous étions tous ensemble, après tout, sur ce bout de rocher. Qui vous a donné cette idée ? De venir ainsi partager votre repas avec des inconnus ? C'est un souvenir d'enfance ?

— Non, pour autant que je sache. Je crois simplement que Fernando et moi avions besoin de compagnie. Et puis j'aime cuisiner pour autant de personnes que je peux en réunir autour de moi. Je trouve ça excitant. Et, comme nous vous aimons beaucoup, Floriana et vous… »

Le rire de Barlozzo interrompt ma phrase. Je vois que ses yeux brillent.

Plus tard, quand nous sommes couchés, Fernando, les bras croisés derrière la tête, réfléchit à voix haute :

« Quand Barlozzo parle, il m'entraîne avec lui et j'en ai presque le souffle coupé, comme si je venais de courir. Tu vois ce que je veux dire ?

— Oui, oui, je crois. Il a le pouvoir de nous faire ressentir ce que *lui* a ressenti.

— J'espère seulement que je ne vais pas rêver de châtaignes », me dit-il en me serrant contre lui.

Le lendemain, je lave les gants du duc et les fais sécher devant le feu. Mais, quand je veux les lui rendre, il me dit que je les ai abîmés. Je sais qu'en réalité il souhaite que je les garde, donc j'obéis et les passe à Fernando, qui en essaie un, glisse ses doigts dans les trous, ouvre et ferme le poing et s'exclame que c'est épatant. Il met l'autre, puis tend les bras, paumes en l'air et ajoute qu'il a vraiment le sentiment d'avoir toujours eu pour vocation d'être fermier.

Un vendredi soir, nous apportons au bar de la soupe au potiron. Une semaine auparavant, j'avais vu une merveille de potiron au marché d'Acquapendente, posée sur un tas de légumes à l'arrière d'un camion, et je m'étais dit qu'il ferait une belle décoration près de la porte de la grange. Mais ce matin-là, après avoir cuit mon pain dehors, je m'aperçois que je n'ai rien prévu pour le dîner et l'idée me vient de le sacrifier. Je l'ouvre en lui découpant un chapeau, ôte la chair et met de côté les graines. Une exploration des placards et du réfrigérateur se solde par un butin composé d'oignons, de restes de plusieurs fromages, de deux œufs et d'une demi- bouteille de vin blanc. Je fais sauter les oignons dans un peu d'huile d'olive, j'ajoute du gorgonzola, de l'emmenthal, du parmesan et mélange bien, avec de la crème et les œufs. Je verse dessus le vin blanc, avec poivre, sel et muscade, puis enfin la chair du potiron coupée en morceaux. Je replace le chapeau et le tout va au four à pain jusqu'à ce que cela devienne bien crémeux. Je fais griller les graines à la poêle et nous emportons ce chef-d'œuvre de soupe au Centrale. Je sers de bonnes assiettées à qui en veut et les saupoudre des graines. Avec du pain et du vin, c'est un repas complet. Comme dessert, je propose de la purée de châtaigne aromatisée au cognac, sur laquelle je laisse couler de la crème pas trop épaisse, du chocolat amer en poudre par-dessus.

« Et comment ça s'appelle ? s'enquiert Barlozzo, comme si je lui présentais de la ciguë et que, quoi que je réponde, ça n'allait pas lui plaire.

— Un mont-blanc, c'est de la haute cuisine française. »

J'ai pris mon ton de « chef » — sans réplique.

Il goûte, ne dit rien, goûte encore, et finalement termine son assiette. Puis il déclare :

« C'était très bon, mais nous ne sommes pas en France, et préparer des châtaignes de cette façon, c'est comme s'en moquer un peu, oublier ce que cette denrée a pu signifier pour nous. Vendredi prochain, voudrez-vous bien me préparer un *castagnaccio*, avec du romarin et des pignons ? »

Je crois entendre dans sa voix des intonations du gamin de onze ans qu'il a été.

« Bien sûr, mais pourquoi avez-vous besoin d'être si arrogant ? Vous êtes assis là, à croiser et décroiser vos jambes en me menaçant de la damnation comme si vous étiez Méphisto en personne. Fernando adore ce dessert et je trouve excessif que vous le condamniez ainsi. »

Fernando secoue la tête, stupéfait de la brusquerie de ma réplique. Du regard, il m'enjoint de rester calme — et ce n'est pas la première fois que cela arrive. Mais Barlozzo n'a pas l'air blessé du tout :

« Bon, ça va, me dit-il, mais est-ce que j'aurai bien mon *castagnaccio*, avec un peu de ricotta et un verre de *vin santo* ? »

Nous continuons à aller ramasser des châtaignes pendant plusieurs semaines, et aussi cueillir des *porcini*, des cèpes. Dès qu'il a plu pendant la nuit, nous nous équipons de bottes et de bâtons pour chasser les vipères et suivons Barlozzo au plus profond des bois de chênes. En chemin, nous chantons. Le duc n'aime pas cela :

« Avez-vous vraiment besoin de faire autant de bruit ? Taisez-vous donc.

— Mais il n'y a personne par ici ! Qui risquons-nous de réveiller ?

— Ce n'est pas la question. Vous troublez ma concentration. Si je vous écoute, j'essaye de comprendre les mots et je ne suis plus aussi attentif. »

S'il a pris des airs de propriétaire en ce qui concerne les châtaigniers, Barlozzo devient intraitable dès qu'il s'agit des bons coins à champignons. Il se glisse dans des petits sentiers, explore la moindre cache, soulève des fougères qui dissimulent des trésors, des cèpes dodus. Cela doit rester très secret. Au passage, il attrape sur une branche une poignée de baies de genièvre ou ramasse des pommes de pin pour en extraire les pignons, comme il le faisait dans son enfance.

De retour chez nous, j'essuie doucement les cèpes avec un chiffon, les coupe en gros morceaux et les jette dans une sauteuse. J'ajoute un peu de menthe sauvage, six baies de genièvre — six, pas plus, pour un kilo de champignons —, des gousses d'ail non épluchées, un jet de vin blanc et une poignée de pignons grillés. Le déjeuner est prêt. Barlozzo sert le vin, Fernando coupe le pain. *Buon appetito.*

« Combien de kilos de châtaignes crois-tu que nous avons consommés à nous trois depuis un mois ? Et combien de kilos de cèpes ? »

J'interroge Fernando un soir. Nous sommes couchés et j'examine mon ventre qui s'est bien arrondi avec le régime de ces dernières semaines. J'ai beaucoup aimé nos expéditions dans les bois, mais, ces jours-ci, cela va être bouillon, un peu de bœuf bouilli, du pain, du beurre et du thé.

Fernando essaie de tempérer :

« Oh, pas tant que ça. Peut-être une livre par jour de chaque. Enfin, un peu plus si on compte ce que tu as mis dans les soupes, les pâtes et la polenta. »

Une vraie débauche… Donc ce sera bouillon — sans viande, sans pain et sans beurre. Mais au bout d'un jour et demi de ce régime amaigrissant, Barlozzo nous propose une excursion :

« Allons aux foires à la châtaigne sur la route du Monte Amiata. Certaines des meilleures cuisinières de Toscane habitent dans le coin et en plus, c'est une très belle région. »

Quand je m'impose des règles, je les respecte, mais là cela va être difficile de dire non. Je glisse une main dans ma jupe pour vérifier si c'est vraiment très serré à la taille et conclus que je peux encore me permettre quelques jours d'intempérance.

Je me contente de demander à quelle heure nous partons.

À 1 738 mètres, le Monte Amiata est le point le plus élevé de toute la Toscane. Volcan éteint depuis longtemps, ses flancs sont recouverts d'une terre grasse et fertile, reste des anciennes éruptions, où poussent plus de deux mille hectares de châtaigneraies. C'est là que nous allons.

Nous avons donc repris la camionnette et

filons sur une petite route de montagne jusqu'à un *rifugio*, un refuge surtout fréquenté en hiver par des skieurs. Il y a plusieurs petites chambres, meublées seulement d'un ou deux lits de camp et d'un poêle. Ce sera notre base, dépourvue de confort, pendant les trois jours et trois nuits que nous allons passer à la chasse aux châtaignes et aux cèpes de village en village — Abbadia San Salvatore, Vivo d'Orcia, Campiglia d'Orcia, Bagni San Filippo, Bagnolo, Arcidosso, chacun avec sa spécialité : risotto aux châtaignes, champignons rôtis en feuilles de châtaignier, chevreuil braisé aux cèpes et à l'orange. Naturellement, il y a aussi de la glace à la châtaigne, des gâteaux à la confiture de châtaigne et des beignets arrosés de miel de châtaigne…

Sur le chemin du retour, Barlozzo ralentit, quitte la route et s'engage sur ce qui est à peine un sentier. Nous descendons de voiture et le suivons jusqu'à un bâtiment en ruine, enfoui sous les ronces. Un petit groupe d'hommes et de femmes s'active dehors. Quand nous entrons dans l'unique pièce, complètement enfumée, je distingue un énorme tas de figues que tous ont commencé à préparer pour les installer dans un *essiccatoio*, semblable à celui qui se trouvait dans la maison de Barlozzo quand il était petit. Certains les ouvrent pour les farcir, d'autres en étalent sur des plateaux qu'il faut monter par un petit escalier jusqu'au grillage sur lequel elles vont sécher, au-dessus du feu de bois.

Certaines de celles qui sont déjà passées par là,

après avoir été amoureusement choisies comme les plus belles, se retrouvent entre des mains expertes, qui les percent avec une aiguille en bois et les enfilent, en alternant avec des feuilles de laurier, sur une grosse ficelle, pour confectionner des sortes de guirlandes.

Nous regardons, Barlozzo, Fernando et moi, et on nous offre du pain et du vin. Quand nous disons que nous voudrions acheter quelques-unes de ces guirlandes, celui qui semble faire office de porte-parole semble réticent. Il nous explique que ces figues-là sont les dernières de la saison, et donc pas les meilleures. Je proteste, moi, elles me semblent parfaites. On nous en offre alors venant d'un tas qui vient juste de sécher. Une main râpeuse comme une patte de lion m'en tend une. Je la déguste, les yeux fermés. C'est tellement bon, « *quanto buono* », dis-je.

Tout le monde sourit. Une femme se lève de la table où elle enfilait ces merveilles, vient me planter trois baisers sur les joues et nous tend à chacun un « collier ». Quand Fernando sort son portefeuille, elle proteste : « *un regalo*, un cadeau. »

Aussitôt je cours à la camionnette, prend un sac de cèpes, un paquet de farine de châtaigne et une branche garnie de baies rouges que Fernando a cueillie pour moi au bord de la route. Je tends le tout à ma nouvelle amie : « un cadeau ».

Nous nous mettons tous à rire, nous nous comprenons parfaitement, chacun à sa manière, et c'est peut-être à des instants comme celui-là que la vie devrait ressembler.

1 livre de farine de châtaigne ;
2 cuillers à café de sel fin ;
de l'eau froide ;
1 cuiller à soupe d'huile d'olive ;
une poignée, s'il on veut, de pignons ;
2 cuillers de romarin séché en poudre.

Préchauffer le four. Huiler légèrement un moule à cake. Mélanger farine et sel, et ajouter peu à peu de l'eau en battant pour obtenir une crème épaisse. Ajouter l'huile, puis le romarin et les pignons. Verser dans le moule et cuire trente minutes à four assez chaud. C'est cuit quand une belle croûte couleur chocolat s'est formée. Servir tiède coupé en tranches, avec un peu de ricotta et — optionnel — un petit verre de *vin santo.*

9

Les Toscans boivent-ils du vin à chaque repas ?

Des rafales de pluie fouettent les oliviers et assombrissent le ciel. Matin de novembre. J'écarte un peu les rideaux de brocart jaune et regarde par la fenêtre mon mari qui rentre du village. Il passe devant le poulailler, une étable et puis, au lieu de continuer par la route, il emprunte le petit chemin détrempé qui coupe à travers champs, sans se soucier de la boue. Il est allé faire les courses pendant que j'écrivais. Il a dû oublier son chapeau dans une poche et son parapluie au bar. L'eau ruisselle de ses cheveux. Je suis si heureuse de le voir s'épanouir dans cette nouvelle vie, où il n'a plus besoin de s'imposer des règles de comportement, par exemple la despotique « bella figura » qu'il devait afficher quand il travaillait à la banque. « *Ciao bambina* », dit-il en me serrant contre lui — trempant au passage mes vêtements contre son pull. Il déborde d'histoires à raconter, les menus faits de matin, ôte ses bottes, tisonne le feu, se réchauffe les mains. Je comprends qu'il a envie de bavarder, donc je ferme mon ordinateur. De toutes les façons, j'avais fini ce que j'étais en train de faire.

« Tu veux du thé ?

— Non, on va bientôt déjeuner. Et j'ai pris deux *cappuccini* et un *espresso* au Centrale. Mais je veux te montrer quelque chose. »

Il ouvre d'un geste brusque l'armoire à vaisselle, ce qui fait trembler tous mes verres en cristal. D'un tiroir, il extirpe un dossier sur lequel il travaille depuis plusieurs jours.

Cela fait des mois, maintenant, que nous discutons de notre avenir et de ce que nous pourrions entreprendre. Une idée nous retient particulièrement : emmener des petits groupes de touristes à travers la Toscane, de façon très personnalisée. Nous en parlons des soirées entières, pour reprendre la conversation dès le matin. Une fois que nous avons étudié de fond en comble les guides trouvés dans des librairies de Florence et de Rome, Barlozzo nous a emmenés à Sienne rencontrer un vieil universitaire pour qui il a travaillé autrefois dans une propriété proche de San Casciano. Celui-ci accepte de nous prêter des livres de sa magnifique bibliothèque, tous consacrés à la région. Nous prenons alors l'habitude, le soir, d'en lire des passages à voix haute, Fernando, Barlozzo, parfois Floriana, et moi. Le duc se montre très patient quand je trébuche sur des mots ou ne comprends pas certaines choses.

Nous traçons des itinéraires, allons à la rencontre de vignerons, de restaurateurs, de commerçants, pour qu'ils collaborent à ce projet. Dans les plus petits villages, nous découvrons des trésors — et des personnages très pittoresques, par exemple une femme qui fait des fromages, mais ne s'entend pas du tout avec les services départementaux de la sécurité alimentaire. Alors elle vend directement ses produits dans sa camionnette, ou parfois pendant la messe de onze heures le dimanche, en les faisant circuler discrètement entre les bancs. Le curé, ostensiblement, ne voit rien, et il est très content d'avoir sa part, gratuitement bien sûr.

Nous explorons les musées étrusques de Chiusi, en Toscane, et de Tarquinia, dans le Latium, ainsi que celui d'Orvieto en Ombrie. Nous étudions l'architecture et les trésors artistiques des églises. Nous allons voir des écoles de cuisine dans le Chianti. Nous testons des petits hôtels et des chambres d'hôtes. Ce que nous voulons, c'est viser un public de voyageurs passionnés par la culture et la gastronomie de notre région.

Chaque groupe ne comprendra pas plus de six personnes et chaque programme, d'une semaine chacun, se calquera sur la saison où il se déroulera. En septembre, nous participerons aux vendanges et au dîner aux chandelles chez notre ami Federico. En octobre, nous prendrons la route d'Amiata à la chasse aux châtaignes et aux cèpes, et souperons chez Adele et Isola, deux vieilles copines de Barlozzo qui tiennent un petit restaurant. En décembre, nous nous attaquerons aux oliviers et nous irons aussi chercher des truffes dans les bois du côté de Norcia. Nous avons encore tant de découvertes à faire, et nous intéressons à notre projet des directeurs de musée, des journalistes locaux, des sacristains, des cuisiniers, des boulangers, tous prêts à vanter les beautés de leur région.

Évidemment, si j'étais seule, les choses seraient sans doute différentes. Je me risquerais peut-être à ne vivre que de ma plume. Ou alors j'ouvrirais une petite *osteria* où je cuisinerais chaque jour pour quelques clients, habitants du coin ou touristes de passage. Mais nous sommes deux et je dois tenir compte des idées et des envies de Fernando. Notre projet commun tient la route et, pendant qu'il s'élabore, j'ai des articles à écrire, les épreuves d'un premier livre de cuisine à corriger et un deuxième à mettre en route. Mon mari n'oublie pas qu'il a travaillé dans une banque et il tient un compte scrupuleux de nos dépenses. Il me déclare de temps à autre que nous dépensons ici pour vivre un cinquième à peine de ce dont nous avions besoin à Venise. Si nous n'avons pas tellement d'économies, il nous en reste assez pour voir venir pendant quelque temps.

« Montre-moi, lui dis-je quand il sort son dossier.

— Assieds-toi et écoute bien », me répond-il en étalant des papiers sur la table.

Il a déjà prévu trois itinéraires différents, choisi les restaurants où nous dînerons, les hôtels de campagne où nous logerons. Il a calculé, mesuré les distances à parcourir chaque jour. Il a évalué l'importance respective des visites culturelles et des haltes gastronomiques et établi un équilibre harmonieux entre séjours en ville et à la campagne. Je ne peux que m'exclamer : « Bravo, Fernando ! » Nul besoin d'en dire plus. Nous compulsons longuement tous nos documents, en oubliant même de déjeuner. Nous discutons des moyens de faire de la publicité pour notre entreprise et pensons que, puisqu'il y aura un itinéraire différent par groupe, il faudra se limiter à dix par an, au début en tout cas. Mais qui vont être nos clients ? Peut-être des aventuriers dans l'âme qui connaissent déjà le pays mais souhaitent maintenant le voir de l'intérieur.

Un peu plus tard, nous prenons la voiture jusqu'à Sarteano. La couleur du ciel change, en cette fin de journée. Quand je repère, au bord de la route, des mûriers touffus, je demande à Fernando de s'arrêter. Nous grimpons le long du talus, sur le bas-côté, et cueillons les fruits luisants de pluie, gorgés d'un jus presque noir. Nous commençons par les déposer avec précaution, un à la fois, dans le seau que nous gardons en permanence dans la voiture pour ce genre d'occasion. Mais c'est si bon que nous nous mettons à les dévorer sur place, plus vite, plus vite, tant pis si nous nous écorchons les doigts sur les épines, le menton tout barbouillé.

Le tonnerre éclate. D'énormes gouttes se mettent à tomber. Nous redescendons en direction de la voiture pour éviter d'être trempés — mais je n'ai pas envie de me mettre à l'abri, je veux ruisseler de cette pluie qui sent l'herbe et la terre, et me donne le sentiment de revivre, de m'épanouir comme un fruit sec dans du vin chaud. Tant pis si nous avons froid. Je veux me pénétrer du sentiment que c'est un tel privilège de vivre cette vie-là. Je me dis une fois de plus que ce que je désire, c'est justement ce que j'ai déjà. Je crie à Fernando « je t'aime ! » au milieu du tintamarre de l'orage, mais il ne m'entend pas, parce qu'il est en train de chanter à tue-tête *Tea For Two.*

« *Oggi sono belligerante, lasciatemi in pace,* aujourd'hui, je suis d'humeur belliqueuse, laissez-moi tranquille. » Barlozzo a épinglé à sa chemise ce message inscrit sur un bout de carton. Ce matin-là, Vera, la patronne du Centrale, hoche la tête et nous explique qu'avec la précision d'une horloge suisse il a ce genre de crise deux fois par an.

Mais, comme c'est une première pour nous, nous restons près de lui au bar, silencieux, nous contentant de boire notre café et d'échanger quelques sourires furtifs, dans l'espoir qu'il réagisse. Rien. Je coule un regard en direction du duc, puis de Fernando, dont je sais très bien qu'il peut se conduire de la même manière — mais sans me donner de préavis, lui. Nous hésitons un peu, commandons un autre *cappuccino,* en attendant que ce mauvais moment passe. Mais il ne passe pas. Finalement ce n'est pas du tout un geste théâtral, comme nous l'avons cru un instant. Un peu plus tard, nous le croisons sur la route, mais il ne s'arrête pas pour nous. Le lendemain, nous ne le voyons pas, ni le surlendemain. Près d'une semaine s'écoule avant qu'il ne vienne frapper chez nous à quatre heures. Il a l'air défait, brisé et j'ai envie de le serrer dans mes bras, de le consoler, de le nourrir. Il s'assoit, je vais chercher un petit verre de cognac que je pose sur la table à côté de lui. Aucun de nous n'a prononcé un seul mot. Finalement, il se décide :

« Les gens, surtout quand ils vivent à l'intérieur d'un petit groupe, comme nous ici, appartiennent à une sorte de chœur, où chacun chante la même partition, même si ce n'est pas toujours sur le même ton. Chacun prend à son compte les pensées des autres, ce qui ne permet pas de se retrouver soi-même. Connaître intimement votre propre souffrance est la seule façon de la faire disparaître, de l'empêcher de revenir vous hanter. C'est le travail le plus dur qu'on puisse faire sur soi. Mais il est nécessaire. Notre insistance à vouloir croire que rien ne peut nous faire mal est précisément la cause de ce qui nous torture. Il y a des moments où j'ai besoin d'être seul, où je ne peux pas tolérer un seul instant les bavardages de quelqu'un, encore moins s'il pontifie. Ces derniers jours, j'ai arpenté mon passé, comme si c'était une route de campagne, en inspectant des yeux ma propre histoire.

— Et alors ?

— Et alors me voilà, fragile, nu, comme si j'avais égaré ma réserve de plaisanteries, comme si je m'éveillais d'un long rêve. Or je crois que, ce rêve, c'était ma vie. J'ai l'impression d'avoir dormi dans un train et d'être arrivé à destination sans avoir regardé le paysage. J'entends des cris de souffrance au plus profond de moi, mais je ne suis pas sûr d'être encore capable de ressentir quoi que ce soit. Vous croyez que je suis un vieux fou ?

— Oui, bien sûr, c'est ce que vous êtes, vous traversez votre crise de l'automne, comme Vera me l'a dit. Vous êtes un vieux fou, et aussi un duc, un mentor, un gamin, un faune. Voudriez-vous ne plus être tout cela ? »

Barlozzo ne répond pas. Il ne répond jamais quand il n'aime pas la question. Il sait que je comprends qu'il a plus de choses à dire, mais il n'a pas envie de poursuivre. Je regarde par la fenêtre le ciel crépusculaire enflammé à l'horizon. Puis je me risque à insister :

« Qu'y a-t-il donc qui vous fait tant souffrir en ce moment ?

— Ce n'est pas quoi, c'est qui. C'est le temps qui passe. Quand vous allez faire vos bagages et repartir — et je sais que cela arrivera un jour — est-ce que je vais reprendre mes petites habitudes d'avant ? Je ne me rendais pas compte à quel point j'étais vieux. Cela faisait des années que je ne me souvenais plus du bon goût du *castagnaccio*, que je ne m'étais plus arrêté pour regarder un coucher de soleil. Je ne me rendais pas compte qu'avec vous deux je baissais la garde, je ne me méfiais plus du tout. Or c'est la méfiance qui permet à un homme de rester optimiste. Sans ses secrets, ses révoltes, ses petites vendettas personnelles contre un autre homme, ou un lièvre qui lui a échappé trois fois, ou la faim, ou le temps, il a perdu sa voix. Je suis usé, fini et pourtant encore plein d'enthousiasme. J'étais programmé pour un certain type de vie qui n'existe plus. Enfin, presque plus. Avec l'abondance surgit un grand vide. Je me sens vide, précisément, je dirais émoussé, comme si je ne retrouvais mes repères que dans le passé. Je deviens mon propre ancêtre. J'ai plein d'histoires du passé en moi, mais pas de présent. J'ai le sentiment d'avoir duré trop longtemps alors que d'autres n'ont pas pu le faire. »

Je ne sais pas de quoi il parle. Il cache au plus profond de lui quelque chose qu'il vient d'essayer de nous dire, mais ce n'était pas le moment. Je comprends que, pour l'instant, le sujet est clos.

« Que s'est-il passé ces derniers jours? Vous avez redessiné les contours de la Toscane? » demande-t-il avec un pauvre sourire.

Fernando lui tend le dossier avec ses derniers itinéraires et le duc les regarde soigneusement, sans faire de commentaire, puis les lui rend.

« *Allora* ? » demande Fernando.

La question n'a pas l'air de plaire. Vite, je me lance :

« Écoutez, aimeriez-vous venir avec nous la semaine prochaine dans le Val d'Orcia? Nous allons essayer un de nos programmes, voir comment cela se passe.

— Non, pas si je dois porter des baskets comme un Américain. J'ai téléphoné à Pupa et elle prépare des faisans braisés pour ce soir. J'ai vraiment faim, pas vous, les gosses? Bon, alors, *aperitivi* au bar, à sept heures et demie. »

Je m'emmitoufle complètement. D'abord une jupe neuve que j'ai taillée dans un reste de velours à rideau, aux tons brun-rouge de vieux vin de Bourgogne, trois volants à froufrous, doublés de taffetas, c'est bien lourd et bien chaud. Plus un pull couleur rouille, un châle, des bottes et mon parfum préféré, *Opium*, pour finir. Nous sommes attablés chez Pupa avec des Hollandais, qui louent, disent-ils, la même ferme pour tout le mois de novembre depuis vingt ans à Palazzone. Nous commençons par un monceau de *bruschette*, suivies d'une délicieuse soupe aux cèpes, à la tomate et aux herbes aromatiques que Giangiacomo verse à la louche dans nos assiettes, sur du pain grillé et un œuf poché. Un des Hollandais demande alors :

« Les Toscans boivent-ils du vin à chaque repas ? »

Mais, au même instant, Giangiacomo revient, portant à bout de bras deux immenses plats, Pupa sur ses talons, les joues roses d'excitation, qui jure ses grands dieux qu'elle abrégera la vie de son petit-fils s'il renverse ne serait-ce qu'une goutte de sauce. L'assistance pousse des clameurs, nous compris. Tout le monde se lève et applaudit. Le duc, lui, reste assis et n'émet qu'un petit rire. Les Hollandais demandent sa recette à Pupa. Elle explique qu'elle a enroulé chaque faisan, d'abord dans une tranche épaisse de *pancetta*, puis dans une feuille de chou, avant de les mettre au four sur une bonne couche de pommes, dont la peau a éclaté, exhalant une odeur délicieuse.

« Vous comprenez, dit-elle, le chou et les pommes empêchent la chair de se dessécher. C'est un vieux truc, qui sert aussi avec le lièvre, les cailles et d'autres oiseaux. Le goût du gibier est mis en valeur par le jus sucré des pommes et celui, un peu fumé, de la *pancetta. Buono, no*? C'est bon, non?

— Oui », répondent les Hollandais d'une seule voix. Et on se rassoit pour s'attaquer au plat. Barlozzo, qui aime bien manger mais encore plus faire diversion, choisit ce moment pour répéter la question posée plus tôt :

« Les Toscans boivent-ils du vin à chaque repas? C'est ce que vous voudriez savoir? Eh bien, demandez-le à cette belle dame, elle vous répondra. Elle aussi est une étrangère. »

Je suis surprise et ravie, le duc aurait pu répondre lui-même. C'est donc un geste généreux de sa part. J'attaque :

« Je commencerai par dire que c'est difficile de parler de ce que les Toscans boivent sans mentionner d'abord ce qu'ils mangent. Disons que la journée d'un Toscan se déroule de la manière suivante : quand il se lève, il prend *un caffè ristretto con grappa*, un petit café très serré sur lequel il fait le signe de la croix avec un jet de grappa, ce qui remplace la prière du matin. Du lait chaud, du pain ou un cornet à la confiture, voilà de quoi rompre le jeûne de la nuit. Vers neuf heures, au bout de trois heures de travail dans les champs, il boit un verre de vin rouge pour se donner du cœur à l'ouvrage, qu'il accompagne d'un sandwich à la mortadelle. Ensuite, un *espresso*. Vers midi, un apéritif léger, genre Campari soda ou prosecco. À une heure, il s'attable avec un litre de rouge à portée de main et prend un bon déjeuner, le repas le plus long de la journée, mais pas forcément très lourd : des *crostini* pour commencer, ou du salami, ou du melon, des figues, du fenouil braisé, ou des aubergines. Après, une soupe épaisse ou des haricots à la sauge. Puis un ragoût de lapin aux olives ou du veau aux artichauts, pommes de terre sautées, haricots verts à l'ail ou épinards. Pour finir, *una grappina*, en fait un grand verre de grappa qui fera office de digestif avant la sacro-sainte sieste.

« Entre trois heures et quatre heures, un nouvel *espresso* et retour aux champs ou travaux d'entretien des bâtiments jusqu'à sept heures. Là, un peu d'eau sur la figure, un coup de peigne et un tour dans la camionnette jusqu'au bar, pour un verre ou deux de vin blanc, une assiette d'olives et de la *focaccia* arrosée d'un filet d'huile d'olive. Un charmant préambule. Ensuite vient le souper, à nouveau arrosé de vin rouge et plus léger que le déjeuner : des tranches fines de prosciutto, coupées à même le jambon suspendu dans le garde-manger, peut-être un peu de saucisse sèche. Du pain, bien sûr. Une soupe, par exemple de lentilles, ou de la *pasta. Una bistecca* au feu de bois ou un peu de poulet aux poivrons et à la sauge. Quelques feuilles de salade. Un tout petit peu de *pecorino*, avec une poire juteuse coupée en tranches qu'on mange à la pointe du couteau. Un biscuit sec trempé dans du *vin santo.* Et un jet de grappa dans le dernier *espresso.* Des festins, mais sans excès. »

Mon récit se termine sous des applaudissements polis. Je crois que le duc est très content parce que j'ai parlé italien, et il croit que je l'ai fait par respect pour lui. Pupa sort de la cuisine et vient s'asseoir avec nous. Elle demande à Giangiacomo d'ouvrir une autre bouteille et rit en voyant la quantité scandaleuse de celles qui sont vides au bout de la table. Elle dit adorer le « plop » du bouchon qu'on tire. Sa mère a prétendu une fois que cela fait penser à la naissance d'un bébé. Tout le monde apprécie la métaphore, sauf une femme superbement enceinte, la tête couronnée d'une tresse blonde. Elle esquisse un sourire contraint.

Fernando, d'un signe de tête, nous signale qu'il est l'heure, nous disons bonsoir et regagnons la camionnette. Ce soir, la lune est dans l'eau. Des chiens aboient, des feuilles sèches tourbillonnent. Comme s'il finissait une phrase commencée un peu plus tôt, le duc déclare :

« Ce que vous devriez faire ici, c'est ce que vous avez toujours fait. Cuisiner pour quelques clients, comme Pupa. Ce serait bien mieux que d'aller vous balader avec une cohorte d'étrangers, en leur expliquant des choses qu'ils oublieront aussitôt et en leur montrant des monuments qui, pour eux, seront moins intéressants que Disneyland. N'importe qui est capable de trouver son chemin en Toscane. Écrivez, cuisinez, c'est ce que vous aimez le plus.

— Nous parlons d'acheter une petite maison. Nous en parlons tout le temps, dit Fernando.

— Je peux vous aider à négocier avec vos propriétaires, les Lucci, la possibilité de rénover une des dépendances pour y installer une cuisine et quelques tables. Et obtenir les permis nécessaires ne serait pas un problème puisque votre maison est déjà classée en « *agriturismo* ».

— Comment est-ce possible ? demande Fernando.

— C'est une politesse faite à des notables du coin par les autorités locales. La signora Lucci a demandé des subventions pour couvrir les frais de restauration de votre maison et a signé des papiers affirmant qu'elle l'utiliserait pour attirer des touristes et organiser des activités culturelles. Ainsi, elle a pu avoir un prêt de l'État avec peu d'intérêts à rembourser. Ce système s'appelle « *i patti territoriali a fondo perduto* », ce sont des prêts à fonds perdu. Vous ne vous êtes jamais demandé pourquoi elle vous demandait de signer chaque mois son registre d'un nom différent ? Elle se couvre. D'après la loi, vous habitez un hôtel. Mais en diriger un et organiser des concerts dans le jardin représenterait trop de travail. Aussi elle se contente de percevoir votre loyer en liquide et au noir, pour un bâtiment abandonné dont le gouvernement a payé la restauration. Enfin, une restauration minimale. Ça se fait beaucoup, dans la région. »

Je comprends maintenant pourquoi, le jour de notre arrivée, il avait déclaré que les Lucci tiraient le meilleur parti possible de l'aide du gouvernement.

« Et vous voudriez qu'une créature pareille

soit la patronne de fait de notre petite entreprise ? demande Fernando.

— Oh, son sens de la morale n'interviendrait pas, du moment qu'elle recevrait son enveloppe chaque mois. Moi, j'aimerais que vous investissiez votre énergie dans quelque chose susceptible de marcher et qui vous donne satisfaction. Lancez-vous dans un projet de taille modeste, avec le moins de risque possible d'échec. Je voudrais que vous restiez ici, réussissiez ici. C'est ce que vous voulez aussi, n'est-ce pas ? Je vous demande juste d'y réfléchir. »

D'y réfléchir ? Mais je sais déjà à quoi ressemblerait ma petite *taverna*, dans une petite ville. Des murs couleur orangée, l'unique salle éclairée par un lustre en fer forgé noir orné de quarante bougies. Une seule longue table dressée devant la cheminée. Douze places, peut-être quinze. Pas plus. Je ne servirais que le repas du soir, préparé à base de produits du jour : de la soupe au pain, un ragoût de gibier en saison, ou de l'agneau parfumé aux herbes. Du fromage de berger. Un bon gâteau, une tarte aux fruits rouges ou aux poires, dont le jus coulerait dans de la crème fouettée. Y réfléchir ? Je promets de le faire. Mais ce rêve d'une petite *taverna* est le mien. Or nous devons maintenant entreprendre quelque chose ensemble, Fernando et moi. Ce projet de voyages organisés est le nôtre, à tous les deux.

Nous demandons à Barlozzo de nous déposer au Centrale parce que nous avons envie de faire le reste du chemin à pied. Nous l'embrassons en lui souhaitant bonne nuit et le prions de cesser de s'inquiéter pour nous, nous déciderons le moment venu ce que nous voulons faire. Il esquisse un au revoir de la main, les yeux tristes. Nous savons que la tristesse du vieux duc a des racines bien plus profondes que notre sort à nous.

Puisque Barlozzo a choisi de ne pas nous accompagner, nous n'attendons pas la fin de la semaine pour partir. Dès le lendemain, à l'aube, nous fourrons dans une valise livres, pulls et quelques objets de première nécessité. Nous fermons la maison et partons, très excités, sur les plus merveilleuses routes de Toscane. Notre première étape va être Bagno Vignoni, ensuite Pienza, Montichiello, San Quirico d'Orcia, Montalcino, et Montepulciano. Ces terres sauvages ont été domptées par les millions de mains qui les ont cultivées. La lumière danse sur le feuillage des oliviers, dont les branches, à cette saison, sont lourdes de fruits mûrs. Nous explorons chaque village, dînons comme des rois, buvons d'excellents petits vins — et dormons très bien.

Tous les jours, vers sept heures, nous téléphonons au bar, sachant que les habitués seront là pour l'apéritif. Chacun vient nous parler à tour de rôle, comme si nous étions en Patagonie et pas à moins de cinquante kilomètres, pour nous raconter ce qu'il aura comme dîner, ou qui a mal à la gorge, et à quel point il fait froid. On nous demande toujours s'il y a de quoi se nourrir convenablement là où nous sommes et on nous recommande de bien prendre soin de nous. Ensuite,

Vera nous lit les fax arrivés d'Amérique, en articulant les mots anglais comme elle croit qu'il convient de le faire. Je la vois d'ici, très droite, le menton levé. Nous ne comprenons absolument rien, mais nous devinons le mal qu'elle se donne. Puis un soir, c'est le duc en personne qui répond, sans prendre la peine de dire bonjour, tandis qu'un silence absolu s'est fait autour de lui :

« *Torna subito. La raccolta è cominciata*, revenez tout de suite, la récolte a commencé. »

HIVER

10

Histoires d'olives

« Vous voulez vraiment grimper aux arbres alors qu'il fait un froid de voleur, un panier accroché à la taille, pour cueillir les olives une par une ? C'est vraiment ce que vous voulez ? »

Barlozzo m'a répété cela chaque fois que je lui ai dit souhaiter participer à la *raccolta*. Et me voilà à deux mètres au-dessus du sol, à califourchon sur la plus grosse branche d'un olivier centenaire, emmitouflée contre le vent glacé de ce début de décembre qui coupe le souffle. Mon vœu est exaucé : je cueille les olives.

Les oreilles me piquent sous mon chapeau cloche en feutre, j'ai les doigts gourds dans les mitaines du duc que j'ai reprises à mon mari. Mon nez coule. Je ne peux que maudire Athena qui a fait surgir le premier olivier des pierres de l'Acropole, décrétant l'olive fruit de la civilisation, un fruit amer comme la haine, rare comme le véritable amour et qui exige du travail pour qu'on parvienne à en extraire son huile, qui a bien des usages : encore aujourd'hui, à sa naissance, un bébé toscan est doucement lavé avec et, sur son lit de mort, un vieillard en est oint. Quand elle brûle dans une lampe, elle illumine la maison, on la verse dans le plat qui cuit sur le feu, ou sur le fromage de brebis. Elle aide à masser les membres las du travailleur ou le ventre d'une femme en train d'accoucher. Elle est là à toutes les étapes de la vie.

Barlozzo a conduit Floriana à Pérouse, où elle avait rendez-vous chez un médecin, et Fernando est resté à la maison pour soigner un début de grippe. Il n'y a donc que moi qui cueille. Je regarde mes compagnons, tous équipés contre le froid, les femmes avec châles et fichus superposés et les hommes en vestes de chasse. Ils doivent être gelés, mais ils se crient des blagues d'un arbre à l'autre. Je ne peux pas m'empêcher de penser qu'il devait faire plus chaud sur l'Acropole.

On sent que la neige n'est pas loin. Nous nous activons chez des cousins de Barlozzo qui possèdent une oliveraie de taille modeste. Je suis enchantée d'être là. Plus encore que la vigne et le blé, l'olive est ici un trésor. Chaque jour, quelques kilos de la récolte vont être emportés jusqu'à un pressoir où une ânesse attachée à une corde entraînera des meules en pierre vieilles d'au moins trois siècles pour qu'elles les broient. La pauvre bête braie par moments, en tournant, tournant tout l'après-midi, devant un groupe de spectateurs attentifs, essentiellement des enfants et des gens âgés. Le résultat sera une épaisse purée qu'on étale entre des toiles de chanvre, pour l'écraser davantage, jusqu'à ce que les premières gouttes commencent, comme à regret, à couler dans une bassine posée en dessous. C'est vraiment à une méthode artisanale qu'on a recours ici, un peu comme un tribut au passé. Presque toutes les olives arrivent au *frantoio comunale* de Piazze.

Ce pressoir est petit, il n'est utilisé que par les agriculteurs du coin, qui possèdent chacun peut-être trois cents ou quatre cents oliviers. Ils s'entraident tous au moment de la récolte mais, après, on ne partage plus. Chacun veut être sûr que c'est *son* huile qui va lui revenir, le produit de *ses* olives qu'il a si bien soignées. Donc, quand il les emporte au pressoir, il installe ses cageots dans *un posto tranquillo*, un coin tranquille où il peut les surveiller et les protéger des voleurs en attendant son tour. Quand celui-ci arrive, il regarde de près ses fruits chéris disparaître entre les blocs de granit. Il ne bouge pas tant que l'huile n'a pas fini de couler. Et c'est lui-même qui va la transvaser dans des bouteilles dont il a personnellement taillé les bouchons. Ensuite, retour à la maison, tel un vaillant chevalier qui rapporte son butin. Cela se passe généralement sur le tracteur de la ferme — mais je peux imaginer la même scène il y a plusieurs centaines d'années, avec une carriole tirée par un cheval.

On attend là des heures, alors le *frantolano*, le propriétaire du pressoir, s'occupe de ses clients. Ici, on fait des affaires. Dans une grande cheminée brûle un bon feu, avec un gril au milieu. Sur une table recouverte d'une toile cirée, il y a plusieurs énormes miches de pain de campagne, un large couteau, du gros sel, des gousses d'ail et des branches de romarin. Près de l'évier est posée une bonbonne de vin rouge, plus une trentaine de gobelets que chacun rincera au robinet après avoir bu. Ceux qui surveillent leurs olives relâchent leur vigilance de temps à autre pour venir se couper une belle tartine, la faire griller sur les braises, la frotter d'ail et de romarin, et verser dessus ensuite un peu de purée d'olive. Après quoi, un bon coup de vin et on retourne monter la garde.

Je reste là, assise avec les familles, et nous parlons d'huile d'olive. Soudain, pour essayer d'établir un pont entre le vieux monde et le nouveau, je me mets à parler de l'Amérique et j'explique que, là-bas, les médecins conseillent d'en utiliser parce que cela fait baisser le taux de cholestérol. Tout le monde me regarde avec une sorte de pitié. Je me hâte d'ajouter qu'on vante beaucoup aussi le régime « méditerranéen », à base de fruits, de légumes et de poisson, sans trop de viande rouge, plus beaucoup d'huile d'olive et du vin rouge. Je précise que cela permet d'éviter les maladies cardiaques et l'obésité, que cela chasse les radicaux libres et aide à vivre vieux. Mon discours n'a pas l'air de remporter un grand succès…

Le propriétaire du pressoir qui passait par là a entendu ma dernière phrase et il y va de son commentaire :

« *Ah, signora, magari se tutto il mondo era d'accordo con noi,* ah, signora, comme j'aimerais que tout le monde soit d'accord avec nous. Ici aussi les gens meurent d'une crise cardiaque, mais le plus souvent dans leur lit et à beaucoup plus de quatre-vingt-dix ans. »

Rires étouffés de l'assistance. Puis il ajoute :

« Mais ça se voit que vous vous y connaissez en huile d'olive. »

Aussitôt, je porte la main à mes lèvres. Y resterait-il une trace de mon dernier repas ?

« Non, non, signora, dit un homme, peut-être le plus âgé de tous. Il n'y a rien. Il faisait allusion à votre teint. Vous avez ce qu'on appelle *una pelle di luna*, une peau couleur de lune. C'est fréquent par ici. C'est parce que nos femmes ont consommé de l'huile d'olive toute leur vie. Vous aussi ? Y en a-t-il seulement en Amérique ?

— Oui, oui, il y en a, surtout importée de pays méditerranéens. Et, depuis mon adolescence, je me suis toujours lavé la figure avec. »

Cette information a du succès. On se met à me raconter six ou sept histoires à la fois, dont une à propos d'une arrière-grand-mère qui portait toujours un chapeau pour se protéger du soleil, se lavait à l'huile d'olive et à l'eau de rose, et qui est morte à cent dix ans, alors que la veille, à la messe, on l'avait prise pour sa petite-fille.

Je sens que je peux continuer :

« Je me confectionne aussi un masque avec un mélange d'huile et de farine de maïs que j'étale bien sur mon visage et mon cou, et garde un bon moment. »

Aussitôt on me donne d'autres recettes, souvent très anciennes, toujours très efficaces, paraît-il, et même très secrètes. Les hommes ne sont pas en reste.

On peut, par exemple, se tartiner la figure de grains de raisin écrasés, ne plus bouger pendant une heure, et répéter cela douze jours de suite. Comme la mode, en cosmétique, est aux produits à base d'acides de fruits, cela me semble une bonne idée. Il existe aussi une cure qui consiste à ne manger que du raisin, toujours pendant douze jours, pour se désintoxiquer et se purifier. On m'informe qu'il existe des cliniques chics et chères dans le Haut-Adige, à la frontière autrichienne, où on vous la propose, assortie d'un massage d'une heure par jour pour dix mille dollars la semaine. Hochement de tête de tous mes voisins…

J'écoute attentivement et voici qu'un homme qui se présente comme « un veuf disponible de quatre-vingt-huit ans » me raconte l'anecdote suivante à propos de sa mère :

« Elle tenait contre sa poitrine un pain de quatre livres et le découpait en tranches épaisses qu'elle trempait ensuite dans du lait d'ânesse. Elle les pressait sur son front, ses joues, son cou, après s'être étendue parfaitement à plat et restait ainsi tout l'après-midi sans bouger. Elle ne se relevait que pour préparer le dîner. Plus tard, j'ai compris qu'elle faisait cela au moment de ses règles. J'ai donné cette recette à ma femme, qui l'a appliquée à la lettre.

— Et elles avaient une belle peau ?

— Une peau d'ange. En ce qui concerne leur caractère à toutes les deux, c'était une autre affaire. »

S'ensuit un murmure d'approbation général.

Au bout d'une heure, quelqu'un propose de me ramener en voiture et je retrouve Fernando à la maison vers cinq heures, installé devant la cheminée. Il n'a plus du tout l'air malade. S'il tousse, c'est, comme d'habitude, parce qu'il fume trop. Il déteste le froid et s'est blotti sous un édredon de satin rouge. Je sais qu'il va y avoir encore quatre mois d'hiver à passer, mais je pense à ce que m'avait dit Floriana le jour de notre arrivée : « Tout ira bien, tout ira très bien, vous verrez. »

Cela fait six ou sept semaines qu'elle est absente, il y a eu des problèmes dans la famille pour qui elle travaille. Elle reste maintenant toute la semaine à Città della Pieve et ne repasse chez elle que quelques heures de temps en temps. Mais je ne la vois plus. Barlozzo me dit qu'elle vient en coup de vent et qu'elle est très préoccupée par ce qui est arrivé chez ses employeurs qui sont aussi des amis. Je laisse des petits mots dans sa boîte aux lettres, je sais qu'elle les prend, mais elle ne me répond jamais. Elle me manque.

En trois jours, nous avons terminé la cueillette, en ne travaillant chacun qu'une ou deux heures de suite. Une petite foule s'active au milieu des oliviers pour emporter les paniers pleins, les vider dans des grands cageots en plastique et les rapporter vides. J'aime bien rester là, au milieu de cette agitation. Barlozzo vient faire un tour de temps à autre, mais juste pour serrer des mains, demander des nouvelles des uns et des autres, faire rouler une olive entre ses doigts et y goûter, hochant la tête ensuite en signe d'approbation. Je vois à quel point il est populaire, mais je sens chez lui quelque chose qui m'échappe. Quelqu'un lui demande si Flori va mieux. Ce ne doit pas être de Floriana qu'il s'agit parce qu'il coupe court aussitôt. Sinon, il lui suffirait de dire qu'elle est partie aider la famille pour qui elle travaille et qui avait besoin d'elle. Je reste perplexe, il s'éloigne, mais il a l'air si désespéré que je cours le rejoindre et lui chuchote à voix basse :

« Dites-moi la vérité, je vous en prie.

— Nous parlerons plus tard », répond-il.

Je comprends qu'il en restera là pour aujourd'hui.

Je rentre chez moi pour m'occuper de mon prince en proie à une crise de mélancolie. Mais, en arrivant, j'ai envie d'un bain chaud et j'y reste longtemps. Toutes sortes de choses m'attristent d'un seul coup. Mes enfants me manquent. Et je sens que cela ne va pas du tout en ce qui concerne Floriana. En ce qui concerne le duc non plus. C'est à cause d'elle qu'il a tellement l'air de souffrir. Fernando est sombre. Et, cerise sur le gâteau, une lettre arrive de mon ami Misha qui vit à Los Angeles. Misha est un pur produit du pessimisme russe. Il m'annonce qu'il viendra nous rendre visite en février. Il n'y a que lui pour choisir de venir en Toscane à cette période-là. Et, même si je l'aime profondément, je ne suis pas d'humeur à accepter ses critiques et à répondre à ses questions, surtout quand il me demandera ce que j'ai fait de ma vie.

Il a presque toujours désapprouvé tout ce que

j'entreprenais et il me l'a souvent répété. Il m'aime bien, mais de nombreuses conversations avec lui ont commencé par « si seulement tu voulais m'écouter ! ». En revanche, je suis impatiente d'assister à sa rencontre avec Barlozzo. Mais je réfléchis soudain qu'entre eux deux et mon prince triste je vais avoir fort à faire — et je ne parle pas uniquement des repas à préparer. Car, en plus du reste, je sens une grosse déprime qui monte en moi. Comment ai-je pu croire que je pouvais changer de vie simplement parce que j'en avais envie ?

Quand je prends mon bain sans lui, Fernando sait que j'ai besoin d'être seule. Ce soir, il attend donc assez longtemps avant de monter me rejoindre avec deux verres de prosecco, et il me trouve en larmes. Il m'aide à me sécher et je suis heureuse qu'il ne dise rien, qu'il comprenne que cela vaut mieux pour l'instant.

Il redescend au rez-de-chaussée et, quand je viens m'asseoir près de la cheminée, je trouve la table mise et des bougies allumées partout. Fernando s'active à la cuisine :

« Qu'est-ce que tu nous prépares ? Cela sent délicieusement bon.

— Je fais cuire un oignon.

— Un oignon ?

— Oui, à cause de l'odeur, je sais que tu l'aimes. Et je n'ai rien trouvé d'autre. Donc on va manger un oignon.

— Parfait ! Je suis impatiente ! »

Il a coupé en petites tranches du saucisson de sanglier et disposé sur une assiette des restes de *taleggio*, un fromage que nous apprécions tous les deux, et de parmesan. Plus du pain et une jatte de marmelade de poires en conserve que j'ai faite en octobre, avec du gingembre confit. Il sert cérémonieusement l'oignon poêlé et remplit nos verres de prosecco. Nous nous sentons d'un seul coup bien l'un avec l'autre et rions un peu de notre difficulté qui persiste à ne pas tout comprendre de la langue de chacun.

« Tu connais un couple qui s'aime autant que nous ? me demande-t-il. Quand j'étais petit, j'aurais voulu être entouré de gens qui s'aimaient, même si ce n'était pas moi qui les intéressais.

— Oui, je crois que j'en ai rencontré un. Je voulais ressembler à ces deux-là : le gardien d'une maison proche de Montpellier et sa femme.

« Je devais avoir douze ans et une camarade de classe m'avait invitée au mois d'août dans sa famille, à côté de Roquefort-sur-Soulzon. C'était une très belle maison, avec des tourelles et des hectares de jardins, quelques moutons et un petit vignoble. Et puis il y avait ce couple, Mathilde et Gérard, qui s'occupait d'Isolde quand ses parents s'absentaient, plusieurs jours par semaine, pour leur travail.

« Un jour, Isolde m'a demandé si c'était aussi agréable d'embrasser un garçon que de respirer une fleur et je lui ai dit que non, pas avec Tommy Schmidt, le premier qui m'avait fait ça. Avec Mathilde, nous préparions des tartes aux pêches que nous arrosions de crème. Et nous suivions Gérard quand il allait inspecter les fromages de brebis qu'il confectionnait lui-même.

Mon plus beau souvenir, toutefois, c'est la soirée que j'ai passée seule avec eux deux, Isolde ayant dû accompagner ses parents à Montpellier.

« Ils habitaient au troisième étage du château, un petit appartement très joli, aux murs peints en vert pâle, avec des plantes partout. Mais ils avaient aussi un repaire à eux, dans une carrière près de la maison, une grotte fermée par un rideau. On aurait dit une maison de poupées, qui sentait bon la rose et où il faisait frais, presque froid. L'installation comprenait une table, deux chaises, un petit évier et un canapé recouvert de chintz rouge à fleurs. Partout étaient alignés des paniers remplis de melons, de pommes de terre, d'oignons et des pots d'herbes aromatiques. Gérard avait installé à l'extérieur un fourneau dont il se montrait très fier, équipé d'une broche sur laquelle tournait un maigre poulet et d'un unique brûleur où mijotait du riz.

« J'ai regardé Mathilde se préparer pour le dîner, ôter sa blouse, puis se laver le visage et le cou au savon. Ensuite elle s'est passé un mélange d'eau de rose, de violette et de fleur d'oranger sur les mains. Elle a remplacé ses petits anneaux dorés aux oreilles par de longues boucles ornées de pierres bleues. Elle a dénoué, peigné, puis tressé ses cheveux. Elle aurait pu se rendre ensuite au bal du roi. Pendant ce temps, Gérard faisait ses ablutions dehors. Quand il est venu nous rejoindre, tous deux se sont salués comme s'ils ne s'étaient pas vus depuis des semaines. Il n'y avait rien de théâtral là-dedans. Ils faisaient ça pour eux.

« Je ne me rappelle pas ce que nous avons

mangé, un peu de poulet, sans doute, et quelques olives. Puis Mathilde a lavé dans un bol des petites grappes de raisin et nous les a offertes, avec des noix, des biscuits et des figues sèches pendues à une ficelle. Nous avons ri, parlé, échangé des histoires. J'ai aimé aussi nos silences et j'ai pensé qu'en grandissant je voulais être comme eux. Et ce soir, je sais que je veux être comme nous. Et ça n'a pas d'importance s'il m'a fallu la moitié de ma vie pour y parvenir.

— Tu as toujours eu de l'avance sur moi, dit Fernando. Je n'ai jamais eu envie de ressembler à qui que ce soit avant que nous vivions ensemble. Mais je pense qu'on ne peut pas avoir envie de devenir comme untel ou untel si on n'a pas déjà en soi ce qu'on admire chez les autres. Mais ceux-là peuvent vous stimuler, vous donner l'inspiration nécessaire pour avancer, ou changer. Tu ne crois pas que c'est ce qui nous est arrivé ?

— Si, bien sûr.

— Quand tu étais petite, tu n'as jamais voulu devenir une grande danseuse, ou une sainte, ou une femme riche ?

— J'avais envie par-dessus tout de compter pour quelqu'un. De compter vraiment. Même une seule fois. Mais je suis triste que, pour la plupart, les gens ne connaîtront pas le plaisir de dîner comme le faisaient Mathilde et Gérard.

— Et tu sais pourquoi ?

— Parce que la simplicité, c'est la dernière chose à laquelle on pense quand on cherche le secret de la vie. Gérard et Mathilde étaient riches parce qu'ils ne possédaient presque rien. »

Il est plus de onze heures et j'ai compris que ce n'est pas ce soir que Barlozzo viendra me parler. Nous montons nous coucher, en emportant la bassinoire — qu'on appelle ici drôlement « le prêtre » — dans laquelle on met des braises et des cendres chaudes, puis qu'on glisse entre les draps. Au bout de vingt minutes, le prince vénitien qui grelotte et sa princesse peuvent se coucher. Fernando libère les lourds rideaux rouges qui entourent notre lit à baldaquin, ce lit dans lequel nous avons tant rêvé, tant grignoté de bonnes choses, bu du bon vin. Mon prince me serre contre lui puis dénoue les rubans de ma chemise de nuit. Il me dévisage en me caressant du bout des doigts. Un peu plus tard, je lui chuchote dans le noir :

« Rappelle-moi de demander où je peux avoir du lait d'ânesse une fois par mois.

— *Jesù !* »

11

Décembre dans une étable

L'opération a eu lieu voici presque deux semaines et elle va bientôt commencer ses traitements à l'hôpital de Pérouse et dans une clinique de Florence. Les médecins ont dit qu'il n'y avait pas de métastases et qu'on peut espérer une complète guérison. Ses amis de Città della Pieve ont insisté pour qu'elle reste chez eux, ils vont prendre soin d'elle, l'accompagner aux séances de soins et suivre de près son état. C'est presque sa deuxième famille, où on comprend parfaitement son désir de s'isoler un temps. Elle est toscane, ce qui, par définition, lui donne le droit de se confronter toute seule avec sa propre vie et sa propre mort.

C'est le matin. Barlozzo est assis à ma table, le visage impénétrable, on dirait des morceaux de granite mal ajustés ensemble. Il nous parle de Floriana, donne les faits, les explications techniques. Il n'a pas envie que je pose des questions. Je sais d'ailleurs qu'il n'y répondrait pas. Donc je me tais.

« Elle a choisi de vous protéger. Et pas seulement vous deux, tous ses amis du village aussi.

Mais quelqu'un à l'hôpital en a parlé à quelqu'un, qui l'a répété à quelqu'un et, en très peu de temps, ça s'est su ici. En outre, vous ne vous connaissez que depuis peu, sept mois, huit mois ? Elle n'a pas voulu vous inquiéter. Ni, je pense, peser sur vous. Vous savez, vous n'êtes pas seule, Marlena, à avoir du mal à croire qu'on vous aime vraiment. Quand elle sera prête, elle vous donnera de ses nouvelles. En attendant, aimez-la comme elle a besoin qu'on l'aime, ce qui n'est peut-être pas du tout votre manière à vous de le faire. »

Le duc a dit l'essentiel, il n'y a rien à ajouter. Fernando l'interroge sur deux ou trois points — les réponses sont très brèves, deux ou trois mots.

Avant que je rencontre Fernando, je gardais, moi aussi, au fond de moi, des stocks de secrets douloureux. Peut-être ai-je quelque chose de toscan, après tout. Je me disais que je pouvais faire sentir à quelqu'un que je l'aimais mais que la réciproque n'était pas vraie. Et si on s'approchait trop près, je me sauvais.

Je demande alors à Barlozzo s'il aime Floriana d'une façon qui lui convient à elle. Ne serait-ce pas plutôt à lui ?

« Pourquoi ne l'avez-vous pas épousée ? »

Il jette un regard à Fernando, comme pour implorer de l'aide. Mon mari s'empresse de suggérer qu'on pourrait parler de cela une autre fois. Le duc se lève, dit que oui, il nous expliquera tout dès que ce sera possible. Et il s'en va.

Fernando se met à tisonner le feu et je vois qu'il m'en veut. Mais je n'ai pas la force de me défendre. Si je ne peux pas voir Floriana, ni lui parler, je vais lui écrire. J'arrache les premières pages d'un petit carnet acheté à Arezzo, où j'avais commencé à ébaucher un nouveau livre, et je me dis que j'y noterai désormais mes pensées qui vont vers elle et toutes sortes de choses pouvant l'intéresser. Ce sera *son* livre. Peut-être ne lui donnerai-je jamais. Mais cela n'a pas d'importance.

Décembre s'installe. L'humidité et le froid imprègnent les vieilles pierres de notre maison. Il fait plus froid à l'intérieur qu'à l'extérieur. Nous nous battons à coups de grandes flambées, de chaussettes de laine et de vin chaud, mais le combat est inégal. Le matin, quand nous nous réveillons, dans une atmosphère sibérienne, nous savons qu'il va falloir se remuer ou périr. Même le son des cloches est glacé, funèbre. Équipés comme au pôle Nord, nous nous mettons au travail : Fernando allume le feu et je prépare la pâte du pain, que je cours ensuite mettre à lever sous nos couvertures et notre édredon, parce que le lit que nous venons de quitter est l'endroit le plus chaud de toute la maison. Le four se montre capricieux et met plus d'une heure à chauffer. Nous nous contentons d'une toilette minimale : se brosser les dents et se passer un peu d'eau sur la figure. Après quoi nous courons jusqu'au Centrale pour le petit déjeuner et rentrons vite pour veiller à ce que le feu dans la cheminée ne s'éteigne pas et enfourner les miches préparées à la hâte.

Ensuite, j'ouvre mon ordinateur, car du travail

m'attend : relire les épreuves de mon prochain livre à paraître, écrire des articles qu'on me commande ici et là pour des magazines. J'enfile les mitaines de Barlozzo, des chaussettes épaisses, enroule une écharpe de mon prince autour de mon cou — et je suis bien, réconfortée par les *cappuccini* et les croissants du café. Barlozzo nous a offert un radiateur électrique, un gros engin qui dégage des bouffées d'air chaud pendant quelques minutes, avant de faire sauter le disjoncteur. Comme la réserve de bûches diminue de façon inquiétante et que se chauffer au bois coûte plus cher qu'à l'électricité, il va falloir s'arranger avec le radiateur. Je dois trouver un moyen. En faisant différents essais, je m'aperçois que, si le four électrique est éteint, on peut garder radiateur et ordinateur allumés en même temps — mais pas les lampes. Bon, je refuse de prendre ça au tragique. Ai-je vraiment besoin de lampes ? Bien sûr, il y a des moments où j'aimerais me blottir dans une cape en peau de loup, mais, pour me consoler, il suffit que je me souvienne de la période où j'étais vissée à une table en plastique gris, dans une pièce minuscule et surchauffée, quelque part à New York, en train de me creuser la tête pour trouver des slogans publicitaires vantant un certain jus de pamplemousse ou un attendrisseur de viande.

Nous discutons, Fernando et moi, sur la nécessité ou non de louer un bureau quelque part, mais cela dépasse le budget que nous nous sommes fixé. Et nous ne voulons pas entamer nos réserves. Je pourrais m'installer chez Barlozzo ou au bar, j'y gagnerais en chaleur, mais j'y perdrais en tranquillité. En outre, dans trois mois, c'est le printemps. Donc je réchauffe mes doigts comme je peux et j'écris sur l'architecture de la Renaissance, les grandes fêtes païennes de la région, la chasse au sanglier, la véritable recette du pain toscan sans sel, les seigneurs de Ferrare, les vins de Vérone et les carrières d'albâtre de Volterra, bercée par les sifflements du radiateur et les airs d'Astor Piazzolla, à la seule lumière du feu dans la cheminée et des bougies, tandis qu'un pâle soleil d'hiver filtre à travers les rideaux jaunes.

Comme il n'y a pas de marché à San Casciano, nous allons le vendredi à celui d'Acquapendente, à la lisière du Latium, et le dimanche à celui de Spolète. Ils sont bien achalandés tous les deux et les fermiers des environs y présentent sur des tables les produits tout frais de leurs exploitations. Nous faisons nos courses mais nous aimons aussi venir là pour quelques moments de partage avec les gens du coin. J'ai vite compris que leur grand sujet de conversation, c'était la nourriture. Barlozzo nous l'avait bien dit.

Le déjeuner et le dîner représentent ici une forme de messe qui serait dite deux fois par jour. Après tout, à la campagne, certains cultivent, récoltent ou chassent ce qu'ils mangeront ensuite. Par exemple, il y a le cochon qui a été élevé dans la cour de la ferme. Il a été tué sur place, lavé avec du vin, et découpé en morceaux qu'on suspendra dans la grange pour qu'ils sèchent au vent de la Toscane. Un client n'hésitera pas à questionner son boucher : « Quelle partie du jambon allez-vous découper ? Et vous ferez ça à la main ou à la machine ? La viande est salée ou un peu sucrée ? Si c'est un porc qui vient du Frioul, alors non, je préfère ceux qui viennent de par ici. La chair est bien tendre ? Plutôt sèche ? Je vais goûter. Bon, vous m'en mettez cent grammes. »

Et ce petit discours n'est qu'un parmi les préliminaires du déjeuner. Il faut aussi aller choisir les fromages, très soigneusement, puis les légumes, sentir les fruits, les toucher. Ensuite, il y a le pain :

« *Mi serve una pagnotta carina, non troppo cotta*, donnez-moi une jolie miche, pas trop cuite. Non, pas celle-ci, elle n'est pas bien formée. Celle-là est encore pire. Faites craquer la croûte de celle d'à côté. Ah, j'en étais sûr, c'est trop cuit. Je vais devoir me contenter de la pauvre qui est au fond du panier. »

Tant de palabres pour un seul repas… Et cela recommencera peut-être en fin de journée, en prévision du dîner, et sûrement le lendemain matin, pour le déjeuner.

Un jour, j'ai vu un petit garçon d'à peine quatre ans dans sa poussette qui pleurnichait en demandant à sa grand-mère un morceau de *focaccia* :

« *Ma hai già finito quello con il Gorgonzola ?* Mais tu as déjà fini celui avec du gorgonzola ?

— *Si, ma era troppo piccolo. Adesso ne voglio uno con le cippole, dai, nonna.* Oui, mais il était trop petit. Maintenant je voudrais celui aux oignons, donne, grand-mère. »

Elle a plongé la main dans son sac et lui a tendu une grande part de *focaccia* croustillante. J'imagine la réaction de son petit affamé si elle lui avait donné des Cheerios. Ensuite, elle s'est arrêtée devant une pyramide d'artichauts violets. Le gamin a tout de suite protesté :

« Je te le dis tout de suite, j'en ai assez des artichauts braisés. Tu en fais tout le temps. Je t'en prie, aujourd'hui, prépare-les à la poêle ! »

En Toscane, les pauvres mangent infiniment mieux que les riches en Amérique. En versant l'eau de cuisson des pommes de terre dans ma pâte à pain, pour enrichir son goût, en faisant couler le jus d'un rôti sur des légumes, ou en faisant tremper du pain rassis avec des fines herbes et un peu d'huile avant que cela devienne une délicieuse soupe, je me demande ce que signifie être pauvre.

Je crois que j'apprends ici à vivre agréablement, peu importe si j'ai peu ou beaucoup à ma disposition. L'approche est essentiellement la même. Ce qu'il faut, c'est redéfinir la notion d'abondance, qui peut être un litre d'huile fraîchement pressée. Je me rappelle Barlozzo nous disant qu'autrefois, être riche, c'était avoir trois sacs de châtaignes au lieu de deux. Et je pense aux cuisines californiennes gigantesques avec trois fours, deux machines à vaisselle, deux réfrigérateurs, une cheminée, un bar… En Toscane, tout est plus simple.

En outre, comment peut-on se sentir pauvre quand on a un four à bois dans son jardin ? Pendant ces mois glacés, nous ne renonçons pas à cuisiner dehors, même si nous sommes conscients des efforts à faire pour préserver les bûches. Nous l'allumons une seule fois par semaine et cuisons d'un seul coup tout ce que nous pouvons, du pain, de la *focaccia*, un rôti, un ragoût de légumes et à la fin, dans les dernières braises, des poires, des pommes et des figues mises à sécher, agrémentées d'écorces de cannelle et d'un petit coup de *vin santo*. Après quoi, nous prélevons chaque jour les quantités nécessaires que nous réchauffons au fourneau de la cuisine. Cela paraît un excellent système jusqu'au moment où se pose le problème du stockage : notre réfrigérateur a à peu près la taille d'un minibar de chambre d'hôtel. Les plats cuisinés ne peuvent pas rester dans la grange où des bêtes viendraient les dévorer. Aussi Fernando me promet de construire, avec l'aide de Barlozzo, un abri plus sophistiqué, et surtout très en hauteur. Il ajoute que le duc veut nous parler de ce qu'on fera à Noël.

Je n'ai pas très envie de ça, justement. Les fêtes obligatoires ne m'ont jamais beaucoup plu. Je préférerais célébrer un petit quelque chose chaque jour, les petits miracles du quotidien. Les grandes cérémonies m'ennuient. Elles ont une fin. Et après, on est fatigué, plus déprimé que revigoré. J'aime beaucoup ma vie en Toscane et, le jour de Noël, j'ai simplement envie d'allumer mon feu, de cuire mon pain, d'aller boire un café au Centrale, de préparer un bon repas pour Fernando et Barlozzo, de lire ou dormir près de la cheminée et d'aller faire un tour dehors, dans la campagne gelée pour contempler le ciel étoilé. Après, je voudrais réchauffer mes doigts autour d'un bol de vin chaud aux épices et boire avec nos amis et nos voisins qui viendront à un moment ou à un autre au bar. Comme mes deux enfants passent Noël chacun dans la famille de son partenaire, je me force à penser que je dois comprendre et accepter qu'il en soit ainsi, ils sont grands maintenant. Je sais qu'ils viendront passer l'été ici et cela me réconforte un peu. Pas complètement. Et puis j'ai envie de voir Floriana. Je lui ai écrit par l'intermédiaire de Barlozzo pour lui demander si nous pouvions lui rendre visite. Elle n'a pas répondu.

On est à la mi-décembre et chaque village célèbre son huile fraîchement pressée. Feux de joie sur la grande place, grils en plein air sur lesquels on peut faire cuire ses saucisses, porcelets entiers qui tournent à la broche, stands où l'on vous sert du vin chaud, musiciens qui jouent de l'accordéon ou de la mandoline, cracheurs de feu, jongleurs en costume médiéval, tireuses de cartes qui lisent votre avenir, évêques venus bénir l'huile et l'âme de ceux qui vont la consommer. Rites païens et rites sacrés se mélangent. Ces fêtes font office de réconfort, c'est un moment de répit dans la vie dure des fermiers. Nous allons à Piazze, en même temps que presque tous les habitants de San Casciano. J'ai mis un pantalon, des bottes de cavalière, un chemisier bordé de dentelles à col haut, un blouson de cuir et un béret. Il fait nuit, cela sent le feu de bois et la neige. Dans ce minuscule bourg de soixante-quinze habitants environ, une foule de plus de cinq cents personnes se presse. Le duc gare sa camionnette et nous marchons jusqu'au terrain vague où a lieu la *sagra*, la fête.

Un énorme chaudron a été placé au-dessus d'un grand feu et des haricots au lard y cuisent, des *borlotti* rouges, aromatisés à la sauge, au romarin, à l'ail, à la tomate et au vin rouge. Deux grils ont été installés à proximité, autour desquels on se rassemble. C'est là qu'on va préparer les *bruschette*. Un homme arrive, portant un panier rempli de tranches de pain, qu'il va faire griller en moins d'une minute d'un côté puis de l'autre. Pour cela, il doit courir, des pinces dans chaque main, pour les retourner juste à temps, avec des gestes aussi précis que ceux d'un chirurgien, on dirait presque qu'il effectue une sorte de danse. Après quoi, il les dispose sur deux très longs plats et un deuxième officiant vient les arroser d'un jet d'huile d'olive. Un troisième se trouve juste derrière lui pour jeter du sel sur le tout. Aussitôt après, on fait circuler les *bruschette* dans l'assistance. Et la cérémonie du gril recommence.

Une espèce d'estrade a été montée un peu plus loin. Quatre messieurs très sérieux y sont assis à une table nappée de blanc, devant six bouteilles marquées d'un chiffre et venues chacune d'un pressoir différent, plus une série de verres. La dégustation va commencer. Les juges sont des fermiers à la retraite — et, comme en Toscane les fermiers ne prennent presque jamais leur retraite, ils doivent avoir chacun au moins quatre-vingt-dix ans. Ils portent tous un bonnet en laine à oreillettes doublées de fourrure de lapin, typique de la région et qu'on appelle le *colbacco*. On verse la première huile dans les verres et chacun des « goûteurs » y plonge le nez, renifle, examine la couleur, puis écrit ses impressions. Après, on trempe dedans un morceau de pain grillé, on mâche et on note à nouveau. Pas de vin à proximité et je sais que cela va permettre d'aller vite. Effectivement, en quelques minutes, les six huiles ont été testées, jugées et celle qui remporte le premier prix — celle du pressoir de Piazze — est acclamée. Barlozzo prétend qu'en réalité il y avait la même dans chaque bouteille et que ces quatre vieux ne sauraient pas faire la différence si on leur en présentait venant des Pouilles ou même de Grèce. Cela ne l'empêche pas d'aller les féliciter, ainsi que le patron du pressoir. Ce sont tous des voisins qu'il aime bien et c'est typique de lui de dissimuler son affection sous des sarcasmes.

Ensuite, le maire proclame les résultats de la loterie, dont le produit permettra de faire lessiver l'intérieur de la chapelle de Sant'Agata. Les prix sont cérémonieusement présentés : le premier se compose de deux mortadelles d'au moins vingt kilos chacune, le deuxième, d'une mortadelle, le troisième et le quatrième de la moitié d'une.

Un musicien s'accompagne à la mandoline en chantant d'une voix avinée les méfaits du mal d'amour, tandis que nous nous dirigeons vers la distribution du vin chaud qui va bien nous réchauffer. Nous sommes invités à prendre place après cela à l'une des grandes tables. Mon voisin de droite est mon boucher, celui de gauche, un Romain qui me dit venir tous les ans à cette même fête : avec trente-cinq copains, ils louent un bus pour l'occasion. Une nouvelle série de *bruschette* circule, des cruches de vin sont posées devant nous. Arrivent enfin les haricots, qu'on sert dans des bols et dont l'odeur délicieuse aiguise notre appétit. « *Evviva i fagioli !* Vive les haricots ! » s'écrient les hommes, comme s'ils venaient de trouver de l'or. Je dois dire qu'ils sont sublimes, crémeux, cuits exactement comme il faut, le goût vous explose dans la bouche. Encore du pain, une autre cuillerée de haricots, un autre verre de vin — chacun des trois exalte l'autre. Sans oublier l'huile. Des nourritures de pauvres ? Qui a dit cela ?

Barlozzo klaxonne devant chez nous à trois heures du matin, le 24 décembre. Il va nous emmener à Norcia, dans le sud-est de l'Ombrie, près des Abruzzes, à la chasse au diamant noir : la truffe. Elle pousse là-bas entre les racines des chênes, des amandiers et des bouleaux. Un spécialiste local qui s'appelle Virgilio, un vieux copain du duc, nous conduira. Il nous attend, pile à l'heure. Il est emmitouflé dans une cape noire, coiffé d'un chapeau de cuir et forme un couple pittoresque avec Barlozzo en blouson militaire. Nous nous entassons dans son vieux pick-up, au milieu de rouleaux de cordes et de bonbonnes vides. Une bouteille de grappa va bientôt circuler. Virgilio nous raconte que cela fait soixante ans qu'il cherche des truffes et qu'il les renifle à distance, même quand il fait froid, du moment que le sol n'est pas gelé. Il n'a même plus besoin de sa chienne, Mariarosa : « J'ai tout appris avec les clébards qui l'ont précédée. Le dernier avant elle est mort à dix-huit ans et, au fur et à mesure qu'il perdait son flair, le mien s'améliorait. On aurait dit un passage de témoin. J'ai pensé que maintenant je me débrouillerais seul. Et puis Mariarosa a commencé à me suivre partout, c'est une excellente truffière et elle est plus fidèle qu'une femme. »

L'aube est bleue, en cette veille de Noël. Nous allons continuer cette sortie en grimpant dans les collines. On n'entend que le crissement de la neige sous nos bottes et, de temps à autre, le cri d'un oiseau. Soudain Mariarosa s'arrête net devant un chêne. Elle hume l'air, puis aboie et se met à bondir, les oreilles rabattues et le nez en l'air. Elle a trouvé une truffe. Virgilio la calme, s'agenouille et se met à gratter la terre avec une sorte de petite truelle. Il ne creuse pas vraiment, tend les doigts et extrait le diamant noir, qu'il secoue un peu pour en faire tomber les petites saletés. Il la range soigneusement ensuite dans un sac de toile qu'il sort de sa veste. Il inspecte le sol encore un instant, prend sa chienne pour le lui faire renifler à nouveau, puis la caresse et lui donne un biscuit. Ils vont répéter la performance quatre fois, cinq fois, six finalement, et Virgilio annonce que c'est l'heure du petit déjeuner. Nous nous extasions, Fernando et moi, et fantasmons déjà sur tous les plats délicieux que nous allons pouvoir préparer.

« Calmez-vous, nous dit le duc, il faut d'abord savoir combien on pourra en garder, une fois qu'elles auront été pesées et qu'on en connaîtra le prix. »

Nous dénichons une petite *osteria* où il ne reste qu'une seule table libre, à laquelle nous nous installons. Les autres convives sont tous des chasseurs, pour la plupart en sous-vêtements de laine, très à l'aise dans l'atmosphère embuée et enfumée de la pièce. Il n'est qu'à peine huit heures du matin, mais ils ont, comme nous, démarré leur journée à trois heures et on leur apporte des grands bols de soupe, d'énormes assiettées de *pasta* et des steaks.

Nous, nous choisissons une *frittata di tartufi*, une omelette très fine, d'un jaune presque orange, car les poules ont été nourries au maïs, et recouverte de minces tranches noires. En fait, les œufs semblent servir uniquement de support aux truffes. Je tends la main vers mon verre de vin, mais le duc m'arrête et me dit d'attendre. Il coupe l'omelette en quatre, nous en donne une part à chacun, d'un geste noble, puis déclare : « Mangez ça, tout de suite, en gardant les yeux fermés. »

Je me cale bien sur ma chaise, un peu perplexe. Fernando obéit aux ordres… Puis Barlozzo rompt l'enchantement, lève son verre et déclare : « *Buon Natale, ragazzi.* Bon Noël, les enfants. »

Virgilio a l'air très content de voir à quel point

nous apprécions notre petit déjeuner. Il nous donne quelques explications :

« C'est la seule façon vraiment idéale de manger une truffe. Il faut cuire les œufs à feu très doux, avec un gros morceau de beurre. Au moment précis où l'omelette commence à prendre, on pose dessus autant de minces rondelles de truffe qu'on peut. Même s'il faut en voler. Après, couvrez la poêle, pour les chauffer un peu et que leur arôme se dégage. Servez tout de suite. Mais attention : tout doit être parfait. Ne pas boire de vin, ne rien manger avant, on doit avoir l'estomac vide. C'est comme faire l'amour, si un seul détail n'est pas au point, ça n'a plus aucun sens. »

Quand Virgilio, qui n'est pas bavard, se décide à parler, c'est pour aller droit à l'essentiel.

Il fait presque nuit quand nous rentrons au Palazzo Barlozzo. Le village est assoupi dans le brouillard. Je reste dans le jardin un moment, à regarder nos fenêtres s'allumer l'une après l'autre. Fernando et le duc sont en train de faire des projets pour la soirée, mais je ne les écoute pas. Je monte l'escalier, je meurs d'envie d'aller prendre un bain chaud.

Il y a un sapin dans la baignoire, et cinq dans des sacs de jute à la porte de ma chambre et sur le palier. Il y en a aussi un à l'entrée de la cuisine et toute la maison sent bon la forêt. J'adore ça ! Fernando surgit derrière moi, il rit, ravi de me voir découvrir ses cadeaux.

« J'avais demandé qu'on les livre ce matin et laissé la clé dehors, avec une bouteille de vin.

C'est joli, n'est-ce pas ? Après l'Épiphanie, on les plantera au fond du jardin. Je n'arrivais pas à penser à un cadeau plus symbolique que celui-là : on les transplantera, comme nous nous sommes transplantés. »

Je l'embrasse longuement. Nous prenons notre bain, nous habillons et descendons, mais le duc est déjà là, il a allumé le feu dans la cheminée et apporté ce qu'il appelle le « *vino da festa* », une horrible piquette qu'il a mise dans un seau à glace. Je découvre un sapin supplémentaire, gigantesque, celui-là, dans l'entrée.

« Je ne savais pas où le mettre, alors je l'ai laissé là en attendant. Je sais que vous allez crier après moi parce que j'ai tué un arbre, mais c'est la première fois depuis très longtemps que je réalise qu'on fête Noël. En fait, je l'avais choisi pour moi, mais il y a davantage de place ici, donc je vous l'ai apporté. »

Je remercie chaleureusement Barlozzo et, d'un seul coup, c'est Noël pour moi aussi. Et pour Fernando qui part en courant chercher dans la grange les guirlandes que nous avions à Venise. Mais cette boîte-là a dû rester dans le camion des Albanais parce qu'il ne la trouve nulle part.

Nous sommes bien, tous les trois, entourés de nos sapins à l'odeur entêtante et délicieuse. Nous ne parlons pas beaucoup, contemplons le feu et buvons l'affreuse piquette. Je me dis que, cette année, il n'y a pas eu de stress, pas de course aux cadeaux, pas de repas compliqué à préparer. Nous n'avons échangé que des truffes et des arbres. Pas de fatigue, pas d'énervement, c'est un bon Noël.

Je me fraye un passage jusqu'à la cuisine pour trouver quelques petites choses à grignoter et j'entends le duc annoncer que nous allons dîner chez Pupa à huit heures. Comme il est déjà sept heures, on pourrait faire un tour au bar.

« Oh, ajoute-t-il, à propos, Floriana vous adresse ses bons vœux. Elle m'a chargé de vous dire qu'elle va bien. »

Et il ajoute fièrement en anglais, « *merry Christmas* », avec son accent rocailleux.

Je commence à aimer cette façon qu'il a de me dire seulement la moitié de ce qu'il ressent. Le reste, il me le laisse deviner.

LES VRAIES « BRUSCHETTE »

Il faut avant toute chose un bon pain de campagne, coupé en tranches pas trop épaisses qu'on fera légèrement griller, au feu de bois si possible, avant de les arroser d'huile d'olive extravierge et de les saupoudrer d'un peu de sel.

On peut ajouter de la tomate fraîche en été, les frotter d'une gousse d'ail. Mais pour les Toscans purs et durs, l'huile et le sel suffisent.

Cela constitue un excellent accompagnement de l'apéritif, ou tout simplement d'un verre de vin rouge.

12

Un repas fait avec presque rien

Un mois de janvier gris commence. Mais nous avons pris nos marques avec l'hiver et connaissons maintenant les astuces pour lutter contre le froid et nous donner au moins l'illusion qu'il fait bon dans la maison. Fernando continue à lire et à travailler à l'élaboration de notre projet de voyages organisés. J'écris des articles. Le village est silencieux dans la brume. Même le Centrale semble assoupi. Rien ne s'y passe, sauf une heure le matin et une autre au moment de l'apéritif. Tout le monde récupère après les vendanges de septembre, la récolte des châtaignes et des champignons en octobre — plus les fêtes qui vont avec —, la cueillette des olives en novembre et début décembre, jusqu'aux festivités de Noël. Maintenant, repos.

Les San Cascianese viennent de moins en moins au bar le vendredi soir. Même s'il n'est pour certains qu'à dix mètres de chez eux, ils préfèrent rester bien au chaud devant leur télévision. Fernando et moi persistons à maintenir le rituel du dîner entre voisins jusqu'au jour où nous découvrons qu'absolument personne n'est venu. Il n'y a que Tonino, très occupé à faire ses devoirs pour le collège. Mais nous avions décidé de dîner dehors, alors nous reprenons notre panier, remontons dans la voiture et partons sur la route de Celle, jusqu'au plus beau point de vue. C'est du luxe mais, tant pis, nous gardons le chauffage allumé, en entrouvrant à peine une des vitres. La vieille BMW se transforme aussitôt en salle à manger. Il y a toujours dans le coffre un panier avec deux très beaux verres à vin, deux petits verres à liqueur en cristal de Bohême, des serviettes de table en lin, de l'argenterie, un tire-bouchon, une bonne bouteille, un flacon de grappa, un superbe couteau à découper, du sel, un poivrier, des assiettes de différentes tailles, un peu de liquide à vaisselle, deux torchons et des kleenex. Dehors, la neige tourbillonne en épais flocons. J'ouvre le récipient où j'ai cuisiné des saucisses avec des haricots blancs, de la tomate et de la sauge, et nous nous servons directement dedans, piquant avec avidité chaque bouchée à la fourchette. Comme dessert, il y a la moitié d'un gâteau de Savoie fourré à la confiture d'abricot et nappé de crème à la noisette. Après, un petit coup de grappa.

Un soir, nous réussissons à convaincre Pupa de fermer son restaurant et de venir dîner chez nous avec Barlozzo. Je commence par servir une bonne soupe et le duc se met à parler de la *veglia*, la veillée, telle qu'elle existait autrefois, et qui permettait aux fermiers et à leurs familles de se réunir de temps en temps au cœur de l'hiver. Il y avait des fermes très isolées, souvent à plusieurs kilomètres les unes des autres. Outre la promesse d'un bon repas, ces réunions impatiemment attendues servaient à maintenir un minimum de lien social.

« Il fallait parfois parcourir un long chemin dans la neige, dit Barlozzo, et chacun apportait ce qu'il pouvait, un morceau de lard, un lièvre pris au piège le matin même, de l'agneau, du gibier, et on mettait tout à cuire dans la même marmite. On ajoutait du chou, des pommes de terre, des herbes, quelques fonds de bouteilles de vin, un peu d'huile et ce ragoût s'appelait *scottiglia*. En attendant que cela soit prêt, on faisait circuler des bouteilles de haricots à l'étouffée et on en mettait un peu sur du pain, qu'on mangeait agrémenté d'un coup de rouge. C'était le moment où quelqu'un récitait des passages de Dante, un autre racontait des histoires de fantômes. Les vieux transmettaient aux jeunes des légendes du passé, telles qu'eux-mêmes les avaient reçues de leurs aînés. Et quand la dernière bouchée du ragoût était finie, qu'il ne restait rien dans les bouteilles, le maître de maison donnait à chaque enfant une pomme de terre brûlante, cuite sous la cendre, qui lui tiendrait chaud dans sa poche ou entre ses doigts pour le long chemin de retour. En principe, on devait la garder jusqu'au petit déjeuner du lendemain.

« Mais moi, j'aimais tellement ça que je la mangeais dans mon lit, en l'épluchant comme une pomme. Je ne pouvais pas attendre le matin, même si je savais que ma mère me lancerait un regard courroucé en me servant mon café au lait.

— Ça n'allait donc pas trop mal pour vous, étant donné l'époque, intervient Pupa. Nous, nous n'avions pratiquement jamais de viande. Dans ma région, la *veglia* se passait autrement. On se rassemblait autour de la cheminée, tout de suite après avoir fait sa toilette, s'être recoiffé et changé. La pâte à pain était dans la *madia*, le tiroir où on la mettait à lever, et une marmite d'eau brûlante attendait au coin du feu. La maîtresse de maison sortait la pâte et l'étalait sur une table. Chacun en prenait un petit morceau qu'il roulait entre ses doigts, aplatissait et découpait pour façonner des sortes de tagliatelles. Ensuite, on les mettait à cuire, puis on les sortait à l'écumoire, avant de les remettre un instant sur le feu avec une bonne dose d'huile, quelques généreuses poignées de *pecorino* râpé, un peu d'eau de cuisson, du poivre. On appelait ça des *pizzicotti*, des pincées. Un repas fait à partir de presque rien. »

Je demande si c'était comme ça en période de guerre. Le duc dit qu'il ne comprend pas. Je précise : est-ce que pendant la guerre on ne mangeait que des *pizzicotti* et un tout petit peu de viande de temps en temps ?

« Non, pas plus qu'à d'autres périodes, répond-il. C'était comme ça tout le temps. Même quand les choses allaient mieux, elles n'allaient jamais vraiment bien. La plupart du temps, nous réussissions à nous en sortir, mais nous devions nous montrer très astucieux. Quand le sol n'était pas gelé, nous ramassions tout ce qui se présentait, des herbes, des oignons sauvages, des châtaignes, des figues, des champignons, des baies. Et nous tentions toujours de faire sécher ou de mettre en conserve ce que nous pouvions. Si les fruits tombés au pied des arbres, dans les vergers, ne nous suffisaient pas, nous allions en voler au clair de lune. Cela nous permettait de dévorer pommes, poires et prunes arrivées à maturité, mais aussi d'en garder pour plus tard. Nous faisions la même chose avec nos récoltes de haricots, de tomates et de maïs. Mon père et mes oncles vendangeaient et préparaient leur vin rouge, sans quoi la vie aurait été *impensabile*. Nous n'avions pas d'argent, donc nous échangions les uns avec les autres tous les produits qu'il nous fallait. Et cela se passait suivant des règles précises. Des règles respectées par tous.

« Par exemple, deux litres de vin valaient deux kilos de fromage. Nous apportions son dîner au berger, directement dans la bergerie, et, le lendemain matin, il rendait à ma mère sa marmite remplie de la ricotta préparée avec une partie du lait de la traite du soir et une partie de celle du matin. Ces moments-là étaient de vraies fêtes pour moi. Et je considérais les bocaux de conserves comme la vraie fortune de la famille.

« Mon père disait d'ailleurs qu'ils étaient mieux soignés et habillés que moi, on les lavait, les essuyait, les entourait de chiffons et on les rangeait à l'abri des bêtes sauvages. Mais il arrivait que nous n'ayons plus rien. Plus du tout de réserves. Et il était trop tôt pour planter quelque chose. Alors nous souffrions de la faim. Tellement que plus rien d'autre n'existait. Ma mère coupait du pain en tenant la grosse miche contre sa poitrine, elle avait le couteau dans la main gauche et je m'asseyais pour la regarder faire. Un soir, je ne me sentais pas bien et je le lui ai dit. Je devais avoir terriblement faim, mais il y avait aussi autre chose, une peur que cela ne finisse jamais, sans doute. Un peu plus tard, ma mère est venue me trouver, tenant à la main quelque chose entouré d'une serviette. “Mon trésor, a-t-elle annoncé, j'ai une surprise pour toi. Regarde.” Moi, je voyais bien que c'était seulement deux tranches de pain, mais elle m'a affirmé qu'il y avait aussi du fromage au milieu. “Ferme les yeux et mange. Tu va voir comme c'est bon, tendre, avec exactement le goût que tu aimes.” J'ai obéi et le charme a opéré. Bien sûr qu'il n'y avait pas de fromage, mais je l'ai cru, j'ai mordu d'abord avec précaution dans le pain, puis plus vite, plus vite, sans ouvrir les yeux. Quand j'ai eu fini, je les ai rouverts et j'ai vu qu'elle souriait, tout en pleurant. Ce doit être terrible pour une mère d'avoir un enfant qui a faim et rien à lui donner. »

Le duc n'aurait pas dû commencer à me parler de ces veillées parce que je lui demande presque tous les jours qui a une assez grande maison pour qu'on en organise une.

« Si c'est pour vingt ou trente personnes, on peut aller chez Pupa mais, si vous voulez inviter tout le village, il faut faire ça sur la piazza, y allumer un grand feu et pouvoir se réfugier au bar si on a trop froid. » Il sait qu'une telle idée m'excite beaucoup et cela le fait rire. J'approuve tout de suite : « Oui, oui, on va organiser ça, mettre une annonce au Centrale et…

— Et, me coupe-t-il, dire que c'est pour fêter le retour de Floriana.

— Quoi ? Quand ? Pourquoi ne pas me l'avoir dit ?

— Parce que je le sais depuis trente minutes. Elle se sent capable de rentrer chez elle, sa maison lui manque et, même si elle ne l'avouera jamais, nous lui manquons aussi. J'irai la chercher mercredi matin. Laissons-la se reposer un peu et fixons la veillée au dimanche soir. »

Je dévisage le duc et je vois bien que ce retour a pour lui un sens particulier. Il consent enfin à retrouver une forme de paix, à oublier la très mauvaise passe qu'il vient de vivre ces dernières semaines. Nous échangeons de larges sourires et essayons de ne pas pleurer le premier.

Il y a des lettres et des messages fixés partout sur la porte en bois de Floriana. Les trois marches du perron disparaissent sous les bouquets, surtout de fleurs sauvages dont les queues sont entortillées dans du papier d'alu ou des mouchoirs mouillés. Une des femmes du village a tout organisé pour que, chaque jour, une cuisinière différente prépare ses repas. Elle m'a demandé de faire des desserts « une fois de temps en temps », car on connaît mon goût pour les trop grosses quantités. Tout est prévu, Floriana aura à sa disposition des chauffeurs, des femmes de ménage, des bûcherons, des bricoleurs, des caméristes, pleins d'attention et de bonne volonté. Naturellement, elle proteste gentiment, assurant que, si elle a besoin d'aide, elle le dira.

Elle a le visage comme parcheminé, mais les joues très roses. Elle a noué une écharpe d'un joli roux doré sur sa tête, avec un gros nœud devant. Bien que le froid pince, elle ne porte qu'un cardigan sur sa robe en lainage gris et un épais châle marron sur les épaules. Elle nous montre ses chaussures neuves, en daim noire, avec un petit talon. « Je les ai achetées à Pérouse », annonce-t-elle fièrement, Pérouse étant pour elle et ses amies l'équivalent de Paris.

Elle n'a pas tellement changé, elle est toujours aussi belle, un peu amaigrie, peut-être, mais il lui manque quelque chose, on dirait une apparition. Barlozzo l'escorte avec précaution jusqu'à sa porte. Tous deux sourient et saluent ceux et celles venus l'accueillir à son retour. Quand ils disparaissent dans la maison, je trouve qu'on dirait deux jeunes mariés qui partent pour leur lune de miel. Il ne manque que les poignées de riz qu'on jette aux couples à ce moment-là. Vera leur a apporté une soupière enveloppée dans un torchon.

Flori fait son petit tour du village tous les matins, ses courses, bavarde un peu avec ses voisins, comme avant, boit son habituel *caffè macchiato*, rit et plaisante. Elle ne cache rien de sa maladie, mais n'en parle pas beaucoup non plus. Elle continue ses traitements et affirme se sentir de mieux en mieux. Elle porte toujours ses souliers neufs.

Barlozzo ne se montre guère plus loquace. Il ne lui a pas encore parlé de la veillée, craignant que cela ne l'embarrasse qu'on fasse cela pour elle. Elle le saura à la dernière minute.

Trois feux ont été allumés dans des bidons métalliques remplis de bûches le long de la rue débouchant sur la piazza, où des torches sont disposées partout. Évidemment, on a triché, en ce sens qu'il y a beaucoup plus de nourriture à la disposition des participants que dans une veillée d'autrefois : à la cuisine du Centrale, d'énormes marmites mijotent sur le fourneau, avec dans l'une un ragoût de sanglier à la tomate, à l'ail et au vin rouge, dans l'autre une soupe épaisse au chou noir, *una ribollita.* Il y a aussi des cardons gratinés à la crème et au fromage. On fait circuler des grands plats de *crostini* et des bols de grosses pâtes. Pour boire, il suffit de se servir aux tonneaux. Floriana a l'air contente, elle goûte, elle prend un verre, dit qu'elle avait tellement envie de ces plats-là, mais qu'à Città della Pieve, en Ombrie, — à seize kilomètres de San Casciano —, ses amis ne les préparaient pas tout à fait de la même façon. Le coup de main toscan manquait…

Elle jette de temps en temps un coup d'œil admiratif à ses chaussures et esquisse un petit pas de danse. Arrive le moment où on devrait réciter des poèmes ou faire des petits discours, mais chacun trouve une bonne excuse pour s'abstenir — « J'ai bu trop de vin, j'ai oublié mon texte. » Le duc déclare alors : « Mon père disait que l'enfer, c'est là où il n'y a rien à manger et rien à attendre. » Quelques applaudissements suivent. Vient après une pause étrange, très brève, puis le bruit ambiant reprend. Fernando et moi nous faisons signe, il est temps de rentrer chez nous. Nous n'avons même pas besoin de dire au revoir. Arrivés à notre porte, mon mari se retourne vers le village, me prend dans ses bras et dit :

« Elle va bientôt mourir, n'est-ce pas ? »

Stupéfaite, je le dévisage :

« Mais pourquoi dis-tu cela ? Barlozzo n'aurait pas l'air si content si c'était le cas.

— C'est ce que je ne comprends pas, mais, quand je la regarde, je vois qu'elle est déjà très loin. On a l'impression qu'elle n'a eu qu'une brève permission pour rentrer chez elle et prendre congé de nous tous.

— Mais elle a réellement été très loin, c'est difficile d'imaginer à quel point. Et elle n'est pas encore complètement revenue.

— Je pense à ce qui se passerait si cela arrivait à l'un de nous.

— Mais nous allons tous mourir, chacun à sa manière. La mort, c'est changer de maison, en quelque sorte. Et toi et moi sommes experts en la matière. »

J'ai vraiment envie de parler d'autre chose. Mais Fernando reprend :

« Changer de maison ? Partir pour un autre

voyage ? C'est comme ça que tu vois les choses ? Pas moi. Pas du tout. En plus, j'aime vivre ici. Et je veux y rester avec toi. Et ce que tu feras, je veux le faire aussi. Où tu iras, j'irai. Comment peux-tu rester insensible à ce point ?

— Je ne suis pas insensible du tout. Mais en ce moment je m'inquiète plus pour Floriana que pour toi ou moi. Écoute, j'ai très froid et c'est autant à cause de la température ce soir qu'à cause de cette conversation. Rentrons, je t'en prie. »

Et je me dirige à grands pas vers notre porte.

« La vérité, me crie-t-il, c'est que tu as très peur de mourir.

— Non, ce n'est pas vrai. À la place de Floriana, oui, j'aurais peur. J'ai très peur pour elle. Mais c'est *sa* maladie, elle lui appartient. C'est tout. Si nous tombons malades un jour, nous aussi, il sera temps de penser à la mort. »

Une fois chez nous, Fernando allume le feu et je prépare du thé. Non, je ne me soucie pas tellement de ma propre mort. Pas depuis l'époque où mes enfants étaient petits et où je signais des pactes avec les dieux pour qu'ils me gardent en vie le temps qu'ils grandissent. Je leur jurais de ne rien demander d'autre. Maintenant, je me soucie de Fernando. Mais je me dis parfois que j'agis comme si je ne devais jamais mourir. J'ai déjà eu une vie assez longue et assez belle. Évidemment, j'aimerais qu'elle dure encore un peu. Quand il m'arrive, brièvement, de penser à la mort, c'est pour me dire que je ne veux rien perdre des moments encore à passer avec mon mari, mes enfants et mes amis. Je me dis qu'un jour ils me diront au revoir et partiront dîner sans moi. De là où je serai, je leur ferai des signes, je leur suggérerai tel restaurant plutôt que tel autre, tel plat, tel vin, essayant encore de m'occuper d'eux comme ils se sont occupés de moi.

Je voudrais expliquer tout cela à Fernando et il dit qu'il comprend. Que ce soir, au moins, tout ira bien. Et voilà que je me mets à pleurer. Il croit que c'est à cause de Floriana, mais c'est aussi pour lui. Et pour moi.

13

Souvent, nous n'avions rien à manger

Carne vale signifie, en réalité, que la viande est autorisée. C'est le sens du mot « carnaval ». Pendant la période qui précède les quarante jours du carême — durant lesquels l'Église ne permettait pas sa consommation —, on peut manger toutes sortes de bonnes choses. Ici, dans les collines du sud de la Toscane, les friandises typiques du carnaval sont les *frittelle*, des petits beignets saupoudrés de sucre.

Ils envahissent toutes les vitrines des *pasticciera* et tous les comptoirs de bars. Ils sont parfois fourrés à la ricotta, à la confiture ou à la crème. On les trempe dans du miel ou de l'*alchermes*, une très ancienne décoction d'herbes aromatiques, et, en une ou deux bouchées, c'est avalé. Les *frittelle* apparaissent fin janvier ou début février, cela dépend de la date de Pâques, et on en voit pour la dernière fois à mardi gras. Après, c'est fini jusqu'à l'année suivante. Leur saison est donc très courte.

Nous en mangions déjà quand nous vivions à Venise mais, ici, nous procédons à de véritables tests de dégustation, puisque nous allons goûter ceux de tous les villages alentour. Parfois nous en rapportons à la maison pour la traditionnelle visite du duc à quatre heures. Nous en donnons aussi à Floriana mais, généralement, l'un comme l'autre hoche la tête, se plaignant que de son temps, « les *frittelle* n'étaient pas comme ça ». Un jour, nous les voyons arriver ensemble, Barlozzo portant un sac à provisions. Ils ont dû préparer leur coup.

« *Ciao belli,* déclare Floriana, bonjour mes jolis, qu'est-ce que vous diriez de *frittelle* à *ma* façon ? »

Fernando l'embrasse, je l'aide à ôter son manteau et le duc s'affaire déjà devant la cheminée en grommelant que, si j'ai de la cannelle de bonne qualité, il va nous faire *son* vin chaud.

Nous sommes obligés, Floriana et moi, de préparer la pâte dans le séjour, parce que la cuisine est trop petite pour qu'on y tienne à deux. Barlozzo vient tout le temps nous déranger, prétendant que sa mère ne faisait pas du tout comme nous. Fernando, lui, proclame qu'il est le seul Vénitien présent et qu'à Venise on n'ajoute pas de raisins secs. À quoi Floriana rétorque que ce sont des grains de raisin blond qui macèrent dans du vieux rhum depuis six mois et que, s'il en goûte un seul, il va la supplier de lui laisser dévorer le reste du bocal.

Nous avons devant nous de la farine, de la fécule de pomme de terre, des œufs, du sucre, du beurre, des zestes d'orange et de citron, des gousses de vanille que Barlozzo coupe en deux, avant de bien en gratter l'intérieur. Et en avant pour mélanger, battre, frire et dévorer les délicieuses petites choses, qu'accompagne parfaitement le vin chaud. Nous sommes bien, tous les quatre, à fêter notre petit carnaval à nous.

Le duc et Floriana se mettent à nous raconter des histoires des carêmes d'autrefois, quand non seulement on faisait pénitence, mais on se purifiait aussi le corps, on se nettoyait, en quelque sorte, surtout le foie, en prévision des durs travaux à venir au printemps.

« Se nourrir est toujours une question de rythme, déclare le duc. On ne peut pas manger tout le temps la même chose. On doit suivre les saisons et jeûner un mois d'hiver, chaque année, et toujours se reposer une heure après le déjeuner et une heure après le dîner. Pendant les quarante jours du carême, certains d'entre nous ne consommaient ni sucre, ni viande, ni pain, ni vin. Nous nous contentions de haricots, de lentilles, quelques légumes s'il y en avait, des œufs. Évidemment, à certaines périodes, on jeûnait parce qu'on ne pouvait pas faire autrement, souvent nous n'avions presque rien à manger. »

Après les *frittelle*, pas question de dîner, si bien que nous restons à bavarder jusqu'à ce que Floriana dise qu'il est temps pour elle de rentrer. Elle est déjà à la porte, Barlozzo la suit, quand elle se retourne :

« Vous savez, Marlena, je regrette de vous avoir laissée avec toutes vos prunes, cet automne. Vous n'imaginez pas comme je suis désolée de ne pas vous avoir aidée à faire des confitures.

Mais je me sentais paresseuse. Plus maintenant, en tout cas. Bonsoir, les enfants. »

On est le mercredi des Cendres, le premier jour du carême et je me dis que c'est drôle que Misha arrive justement aujourd'hui. Nous allons le chercher à Florence, Fernando et moi, heureux de le revoir, certes, mais un peu anxieux aussi. Psychiatre de profession, il est mon ami depuis de nombreuses années. Il est venu deux fois nous rendre visite à Venise. Entre Fernando et lui, il y a eu tout de suite de la sympathie, mais chacun a quand même été toujours prêt à dégainer.

Il s'installe, à sa demande, sur la banquette arrière, avec son sac de voyage en cuir noir. Je retrouve son odeur, un mélange de vieux tweed humide, de tabac marque Cavendish pour sa pipe, et peut-être un reste de chou. Après avoir terminé ses études de médecine à Moscou, il a émigré en Italie. Il a longtemps vécu à Rome, pour finalement se fixer à Los Angeles. Il nous dit, dans son italien parfait, que l'Italie lui manque à peu près autant que la Russie. Mais il ne pose pour l'instant aucune question piège. Je sais qu'il garde cela pour plus tard. Je m'y prépare.

Il fait le tour de la maison avec Fernando, s'installe dans la chambre d'amis et, quand nous allons bientôt nous mettre à table, je vois qu'il a mis une belle cravate et s'est soigneusement repeigné. Je me dis qu'il est prêt pour la bagarre et le premier coup ne tarde pas à arriver :

« C'est charmant, ici, et ça le serait encore plus avec quelques embellissements. Dommage que ça ne vous appartienne pas. »

Fernando réagit aussitôt :

« Nous avons commencé à chercher quelque chose à acheter, mais il n'y a pas d'urgence. Nous ne nous sentons pas pressés de le faire. Ni de décider quoi que ce soit d'autre. Et nous aimons tellement cet endroit que peu importe si nous en sommes propriétaires ou pas.

— Ça ne vous inquiète pas de vivre en marge de la société ? »

Là, c'est moi qui rétorque :

« C'est une façon subjective de voir les choses. Si vous le pensez, tant pis. »

Et je lui reverse du vin.

« Écoutez, reprend-il, vous n'avez de travail fixe ni l'un ni l'autre, aucun revenu régulier. Vous semblez avoir fait disparaître vos parcours professionnels respectifs pour venir vous installer au milieu des oliviers et vous fondre dans la vie du village. Vous vous comportez de façon irresponsable à un moment de votre vie où cela peut être très dangereux.

— Mais nous n'avons pas d'enfants à élever. Nous n'avons pas de dettes. Et vivre ici, faire ce que nous faisons, c'est ce qui nous convient actuellement, dis-je.

— Voyons, ajoute Fernando, combien de vos patients vous disent qu'ils veulent changer de vie ? Combien d'entre eux gardent leurs rêves sous le boisseau, pour ne les sortir qu'une fois par semaine quand ils viennent vous voir ? Honnêtement, je crois avoir manifesté plus de force en faisant disparaître mon parcours professionnel, pour reprendre votre formule. Bien sûr qu'il m'arrive d'avoir très peur, de vouloir que les choses soient plus faciles, plus simples. Mais je vous assure que j'avais encore plus peur quand j'étais, jour après jour, assis dans mon bureau à la banque.

— Oui mais, au moins, vous aviez une certaine sécurité. Maintenant, vous n'avez plus rien. Quand on est prudent, on *construit* sa propre sécurité, au lieu de tout envoyer promener, à l'âge où on en aurait le plus besoin. »

Misha a posé ses deux mains à plat sur la table. Je m'empresse d'en faire autant avant de contre-attaquer :

« Vous y croyez vraiment encore, à la sécurité ? C'est un mythe, voyons ! Et je m'étonne que vous ne l'ayez pas compris. C'est une illusion trompeuse. Avons-nous besoin qu'on nous prouve qu'on ne peut ni l'acheter ni l'établir, que ce soit grâce à de bonnes ou à de mauvaises actions ? Allez donc à l'essentiel. Ce sont les sensations plus que les choses qui m'intéressent. Je préfère *ressentir* ma vie plutôt qu'être assez sotte pour croire que je la maîtrise. La seule façon d'être en sécurité c'est de comprendre que cela n'existe pas.

— Marlena, vous vous réfugiez dans des nuages. Comme d'habitude. Et on dirait bien que Fernando a appris à vous imiter. Aux romantiques, tout semble romantique. Je crois qu'en réalité vous êtes née à une époque qui ne convient pas du tout à votre nature. Mais au lieu que ce soit un problème, vous vous promenez ou vous dansez à travers le dix-huitième siècle. À moins que ce ne soit le dix-neuvième. Mais j'espère que vous ne vous appuyez pas trop sur votre mariage avec Fernando. J'espère que vous comprenez que nous sommes tous seuls.

— Non, Misha, je ne suis plus seule, désormais, et ceux qui le sont l'ont parfois choisi. Je vous en prie, ne vous inquiétez pas pour nous. Je vais bien, nous allons bien. Simplement, et d'un pur point de vue émotionnel, nous sommes en ce moment un peu loin de vous. »

Misha nous dévisage l'un après l'autre. À travers la table, il me prend les mains, les embrasse, puis il se lève et va embrasser Fernando aussi, sur l'épaule, à la russe. Je demande alors si je peux enfin aller cuire mes côtelettes de porc. Je fais fondre un peu de beurre dans une poêle, avec de l'huile, pour qu'il ne noircisse pas, j'ajoute la viande, des zestes d'orange, des graines de fenouil, de la chapelure. Le temps que je prépare la sauce, Fernando et Misha sont sortis fumer une cigarette et faire la paix. Je comprends que Misha n'aime pas voir le bonheur des autres. Il m'a toujours dit que le bonheur, c'est fait pour les pierres. Il a en lui des souffrances très anciennes et il préfère se dissimuler sous l'aspect d'un cynique, d'un éternel mécontent. Il a peur, comme beaucoup, de ne pas mériter d'être heureux, ce qui, de toute façon, ne dure jamais.

Je me sers un verre, puis les vois revenir, les bras chargés de bûches. Je retourne à mon fourneau : un peu de vin, deux gouttes de vinaigre, le jus de deux oranges sanguines, du poivre au moulin, je laisse bouillir un instant, et c'est prêt. Fernando réchauffe de la purée de céleri. Nous décidons de dîner près de la cheminée.

La soirée se poursuivra avec un échange de considérations sur le bien et le mal, mais j'ai déjà entendu très souvent le point de vue de Misha sur ces questions. Au bout d'un moment, je prends la bassinoire et monte me coucher.

En moins d'une journée, Misha est devenu une star à San Casciano. Il a charmé tout le monde par sa truculence et la perfection de son italien. Un étranger qui boit, fume, joue aux cartes, dit des blagues en toscan et, plus étonnant encore, est *uno psichiatra californiana* ! Je crois avoir remarqué au bar que plus d'une femme a ôté son fichu et s'est recoiffée. Je le provoque un peu, en revenant à la maison, et lui demande s'il n'aimerait pas venir vivre avec nous « au milieu des oliviers », mais il se contente de secouer la tête, sans s'autoriser un sourire.

Il devait rester cinq jours, mais finalement ce sera huit ou neuf et je crois qu'il apprécie beaucoup sa soudaine célébrité à San Casciano — et aussi le fait que nous nous occupions si bien de lui. Au début, Barlozzo et lui ont eu l'air de sympathiser le soir au bar, autour d'un verre de grappa, ou chez nous, au coin du feu, mais cela n'a pas duré longtemps. Misha considère le duc comme une sorte de spartiate qui ne s'exprime pas assez. Quant au duc, il manifeste ses sentiments en ne venant plus nous voir et en quittant poliment le Centrale dès que nous y arrivons tous les trois. Fernando les compare à deux taureaux qui veulent marquer leur territoire. Il dit qu'ils sont jaloux l'un de l'autre. C'est peut-être vrai. Quand Misha est prêt à partir, dans la voiture qu'il a louée à Chiusi pour circuler un peu avant de reprendre son avion à Rome, je crois lire une certaine joie dans ses yeux. Barlozzo, lui, reste sombre. Et je ne sais pas si c'est à cause de la visite de Misha ou de la maladie de Floriana, ou d'une autre catastrophe. Mais je vois des ombres passer dans ses yeux.

Nous sommes chez Floriana, dans son petit salon et l'attendons pour l'emmener faire des courses à Città della Pieve.

« Je voudrais vous montrer quelque chose, dit le duc.

— Quoi ?

— Quelque chose, une maison. Enfin, ce qu'il en reste.

— Près d'ici ?

— Pas très loin. Vous vous rappelez la courbe du Tibre quelques kilomètres avant d'arriver à Todi, là où nous étions allés chercher des pierres ? C'est par là. De l'autre côté de la route. À cinq cents mètres dans les bois.

— Et vous voulez qu'on aille là-bas ? Est-ce pour rendre visite à quelqu'un ?

— Non, non. Ne me posez pas de questions. Je voudrais que vous, Floriana et Fernando m'accompagniez demain. Ou samedi. On pourra déjeuner chez Luciano et voir cet endroit quelques minutes. Je sais que tout cela est bien mystérieux, mais je voudrais vous parler de quelque chose et je ne peux le faire tant que vous n'avez pas vu la maison. C'est d'accord ?

— Oui, bien sûr. »

Floriana qui allait et venait à la recherche de ses gants dit alors que, non, elle ne fera pas partie de cette équipée, elle déteste cette route qu'elle a prise chaque semaine pendant quatre mois pour se rendre à l'hôpital de Pérouse. Maintenant que tout cela est passé, terminé, elle ne veut plus retourner par là. « Je vous préparerai un petit dîner, qui sera prêt à votre retour, et demain sera un jour parfait pour faire cuire une poule. »

Barlozzo ne proteste pas, il déclare qu'après tout c'est mieux que nous allions là-bas sans elle. Nous sommes de plus en plus perplexes et cela a l'air de lui plaire.

Il est un peu plus de quatre heures quand nous descendons de sa camionnette dans le crépuscule bleuté. Nous suivons le duc le long d'un mauvais sentier piétiné par des chèvres et des moutons. Le vent de ce mois de février hurle, on croirait entendre des milliers de loups, avec de temps en temps le cri d'un oiseau solitaire. J'ai le souffle coupé par l'air froid quand Barlozzo s'arrête devant une ruine. C'est une bâtisse étroite et haute, une sorte de tour, au toit plat hérissé de cheminées qui ressemblent à des créneaux. Des hautes herbes poussent tout autour et on voit que les fenêtres n'ont plus de carreaux depuis longtemps. Nous approchons, entrons. Il y a deux escaliers, je compte sept cheminées et peut-être dix pièces. Les dépendances se composent de deux granges et d'un pressoir, où sont restées des bonbonnes entourées de paille.

« Il n'y a pas beaucoup de terrain, assez quand même pour un potager et un parterre de fleurs, plus quelques hectares de vignes laissées à l'abandon », nous dit Barlozzo, comme s'il essayait de nous vendre cette maison. Il ajoute qu'il y a une cuisine d'été à l'extérieur, avec un four à bois, facile à réparer. Je suis de plus en plus sûre qu'il voudrait que nous achetions le tout.

« Mais à qui cela appartient-il ? demande Fernando.

— Personne, en fait, n'y a vécu depuis la guerre. Et il y a une chance que ce soit bientôt à moi. Et à Flori, si elle le veut. Je suis en pourparlers avec le propriétaire, un Romain, qui n'a jamais mis les pieds ici, depuis qu'un oncle ou un grand-oncle l'a choisi comme héritier l'année dernière. Les membres de sa famille meurent les uns après les autres en lui laissant des maisons et il semble vouloir se débarrasser de celle-ci.

— Pourquoi avez-vous envie de vous installer si loin de San Casciano ?

— L'idée n'est pas de m'en éloigner. J'ai simplement envie de venir ici de temps en temps. Je n'en suis qu'aux préliminaires d'une négociation qui pourrait durer des années.

— Des années ? »

Nous nous sommes exclamés en même temps, Fernando et moi.

« Et alors ? Vous ne me croyez pas immortel ? Je me dis simplement : prenons cette maison tant que c'est possible de l'avoir. Après, on la laissera aux moutons. Je n'y pense pas comme "résidence principale", comme disent les notaires, d'aucun d'entre nous. Mais ce pourrait être un lieu où l'un ou l'autre viendrait, soit pour être seul, soit pour ne pas l'être. Même si nous nous y retrouvions tous les quatre en même temps, il y a assez de place pour ne pas se gêner. Comme les arbres que Fernando veut replanter, c'est un symbole. Quoi qu'il nous arrive, cet endroit existera. »

Et le duc allume deux cigarettes à la fois, puis en tend une à Fernando. Je demande :

« Mais pourquoi voulez-vous vous embarquer dans un projet pareil ?

— Venant de vous, c'est une drôle de question. En outre, pour moi, ce n'est pas un projet. Je referais le toit, les sols, la plomberie. Pas de chauffage, il y a assez de cheminées. J'ai cherché une maison comme celle-là depuis la mort de mon père, il y a plus de quarante ans. Il m'a laissé un petit héritage auquel je n'ai encore jamais touché. Je crois que je devrais y songer. *Parva domus magna pax* : dans une pauvre maison règne une grande paix. Et Dieu sait que celle-ci est une pauvre maison. »

Il nous regarde, en continuant à fumer, et attend que nous disions quelque chose. Mais nous sommes trop stupéfaits pour émettre autre chose que des rires maladroits. Il reprend :

« Vous devez seulement me promettre une chose, Marlena : ne pas mettre des tissus drapés partout. Je vous demanderai de respecter les limites qu'établiront les autres. Je ne veux pas que cet endroit se mette à ressembler à un salon de style baroque. Pas de franges, pas de fanfreluches, même pas un bibelot. »

Nous ne disons toujours pas grand-chose. Il ajoute :

« Ce que je veux faire, ici, c'est créer un second foyer, un foyer en alternance, si vous voulez, où nous pourrions tous les quatre passer du temps ensemble. Autant ou aussi peu que nous en aurions envie. Mes motivations sont purement égoïstes. Mon appartement à San Casciano est l'endroit où je dors, pas beaucoup plus. Celui de Floriana est très joli mais il se trouve au beau milieu du village et, plus particulièrement depuis sa maladie, je crois qu'elle se sent trop exposée, elle ne peut pas sortir se promener sans être entourée de gens prêts à l'aider, mais qui l'étouffent un peu. Enfin, ça ne me plaît pas que la maison où vous habitez appartienne aux Lucci. Ce sentiment-là est né de très anciennes rancœurs, que rien ni personne ne peuvent adoucir. Je sais parfaitement que vous êtes dans une phase, disons, de vagabondage et que, d'ici un an, vous serez peut-être partis vivre à l'île d'Elbe, en Sicile ou dans le sud de la France. Mais, où que vous soyez, Floriana, moi et cet endroit seront toujours prêts à vous accueillir. Vous n'avez rien à promettre, simplement, le moment venu, prendre les clés et vous dire qu'ici ce sera chez vous. Je ne m'opposerai pas à ce que vous me donniez un coup de main pour les travaux, mais toutes les dépenses, tout l'entretien seront à ma charge. »

Là-dessus, il se met à ramasser des petites branches et déclare :

« Allons essayer d'allumer un feu dans une des cheminées. Il fait trop froid pour rester dehors plus longtemps. J'ai des bûches dans la voiture et deux bonnes bouteilles. »

Fernando et lui filent chercher tout cela tandis que j'explore un peu plus la maison. Puis ils reviennent, font une belle flambée et nous buvons dans des gobelets en carton. Le duc et moi sommes assis sur un canapé recouvert d'une couverture, que je me garde de soulever par peur de ce que je risque de découvrir dessous. Sans le regarder, je demande tout à trac :

« Pourquoi avez-vous permis que quelqu'un d'autre épouse Floriana ? »

Fernando me lance un regard mécontent de ses yeux couleur myrtille. Mais j'insiste quand même :

« Autrefois, vous étiez amoureux d'elle. Et, en réalité, vous l'êtes encore, n'est-ce pas ? Que s'est-il passé ? Pourquoi ne vous êtes-vous pas mariés ?

— Je vous ai déjà dit que la réponse est très longue, répond-il. C'est une histoire qui a commencé des années avant la nôtre. Et à peu près tout le monde la connaît, à San Casciano, excepté vous deux, même si je ne l'ai jamais raconté à personne. Mais je voudrais que vous l'entendiez. La voici. »

Les flammes éclairent les parois noircies de la cheminée. Le duc se lève, fait signe à Fernando de prendre sa place à côté de moi et va s'asseoir sur un tas de vieux coussins.

« Vous savez déjà pas mal de choses sur ma mère, mais je ne crois pas vous avoir jamais dit son nom. Elle s'appelait Nina. Et mon père, Patsi, le diminutif de Patrizio. Je ne sais pas très bien par où commencer, probablement par le moment où Nina a parlé du soldat à Patsi. Elle ne pouvait pas lui cacher cela plus longtemps. Et comme il n'y avait rien d'autre à faire, Patsi l'a tuée d'un coup de fusil. Il l'a tuée pendant qu'elle dormait. Il a creusé une tombe près de la maison, la vôtre actuellement, et l'a enterrée, en dissimulant toutes les traces. C'était au début du printemps et il m'avait envoyé chez mon grand-oncle pour deux jours, sous prétexte d'aider celui-ci à cueillir les tomates, les poivrons et les haricots. Quand je suis revenu chez moi, il a prétendu que Nina était partie en train à Rome pour chercher du travail, qu'elle nous donnerait des nouvelles plus tard. Évidemment, elle ne l'a jamais fait. À l'époque, j'avais seize ans. C'est trois ans plus tard, quand il était en train de mourir, qu'il m'a dit la vérité :

« "Tu sais, mon fils, on peut mourir de honte et c'est ce qui lui est arrivé pendant tout le temps où je l'ai connue. C'était la fiancée de mon frère. Il l'aimait, en tout cas il l'a aimée un certain temps, jusqu'à ce qu'il en rencontre une autre qu'il a cru aimer davantage. Mais il n'était pas prêt à lâcher complètement Nina. Il a fini par décider laquelle il choisissait quand Nina lui a appris qu'elle était enceinte — et elle a perdu. Moi, j'assistais à tout cela, je me doutais de ce qui allait arriver, et je me tenais prêt à bondir, en bon chevalier servant. J'étais amoureux de Nina depuis qu'elle avait dix ans, depuis le jour où je l'avais remarquée à la messe, coiffée d'un béret blanc, enfoncé sur le front. On ne voyait que ses yeux, ses immenses yeux noirs, semblables aux tiens. J'étais alors un grand gaillard de quatorze ans, trop vieux pour me soucier vraiment d'un bébé comme elle. En principe, en tout cas. Quelques années plus tard, mon frère et elle sont tombés amoureux, puis il l'a quittée et tu vois les morceaux du puzzle se mettre en place. Comme elle ne pouvait pas l'avoir, lui, elle m'a pris, moi. J'étais son deuxième choix, et je l'ai toujours cruellement ressenti. Oh, elle a été une bonne épouse, dévouée, fidèle, gentille, mais on sentait bien qu'elle avait le cœur brisé et s'accrochait à de vieux rêves. Aussi, quand elle m'a raconté ce qui s'était passé pendant la guerre, en mon absence, je n'ai pas supporté ce qui constituait une nouvelle trahison. Je n'en pouvais plus de lui pardonner de ne pas m'aimer. De l'aimer, elle, de tout mon être, et de n'avoir que de la gentillesse en retour. Même toi, tu n'étais pas à moi. Tu étais le fils d'un autre. J'avais accepté de prendre la place de mon frère, pas de souffrir à cause d'un autre homme." »

Barlozzo a raconté tout cela d'une voix qui n'est pas la sienne habituellement, plus faible, plus âgée, peut-être celle de son père. Il reprend la sienne pour ajouter :

« Ce que Patsi a fait était considéré, à l'époque, comme un crime d'honneur. Quand un homme apprenait qu'il avait été trompé, c'était socialement et moralement acceptable qu'il se venge. La police restait silencieuse et l'Église fermait les yeux. Jusqu'aux années cinquante, c'est ainsi que les choses se passaient en Italie, et même encore plus tard dans le Sud, où c'est la loi du silence qui prévaut. À San Casciano, on savait sûrement tout, ce que Nina avait fait et ce que Patsi avait fait. Naturellement, personne n'a jamais abordé le sujet avec moi. Et ne l'abordera jamais. C'est simplement quelque chose qui s'est passé, un point de l'histoire locale.

« Vous vous souvenez de ce que je vous ai dit à la veillée : “Mon père disait : l'enfer, c'est là où il n'y a rien à manger et rien à attendre.” C'est la première fois que j'ai parlé de lui à quiconque depuis le jour de sa mort. Cela m'a échappé, d'une certaine manière. Maintenant vous comprenez pourquoi je suis resté seul. J'avais peur d'aimer une femme aussi totalement que Patsi avait aimé ma mère — et aussi peur de l'aimer moins. Les deux possibilités débouchaient sur l'antre du lion. On pourrait dire que c'est depuis cette époque lointaine que je n'ai pas voulu me lier à Floriana. Je croyais que mes sentiments pour elle passeraient, je ne pensais pas qu'il s'agissait d'amour. Mais c'est le temps qui a passé. Beaucoup de temps, pendant lequel j'ai perpétué cette souffrance devenue mon héritage.

« Floriana a vécu vingt ans avec son “second choix”. Et ma vie n'a été, en grande partie, qu'une longue et profonde dépression. On pourrait dire que j'ai renoncé à mon droit d'avoir une vie à moi. J'ai laissé celle de Nina et celle de Patsi engloutir la mienne. Tous deux m'ont transfusé leur douleur. Et j'ai cru que cela me sauverait de la serrer contre moi, si fort qu'il n'y avait de place pour personne d'autre. Mais cela m'a perdu. Je crois que cela arrive à bon nombre d'entre nous de ne pas vraiment savoir ce que nous voulons, ni avec qui le partager. Rien ne semble réel avant d'avoir disparu, ou d'être hors de portée. Mort. Que ce soit une personne ou un rêve. Alors nous savons, mais il ne nous reste qu'à pleurer.

« Floriana, à elle seule, est toutes les femmes que j'aie aimées ou voulu aimer, si seulement j'avais su comment le faire. Et quand j'ai cru qu'elle allait mourir, j'ai eu l'impression que je la perdrais et tout le reste avec elle. Floriana est tout pour moi. Bien que nous n'ayons jamais été ensemble que dans certaines occasions publiques, avant sa maladie, elle a toujours été là, très proche. Nous avons vécu à deux cents mètres l'un de l'autre la plupart du temps. Et je me suis persuadé qu'il fallait me contenter de cette proximité, la prenant pour une forme d'intimité. Je me suis indéfiniment répété qu'être près d'elle me suffisait. Mais, quand elle est revenue de Città della Pieve, j'ai désiré par-dessus tout commencer à *vivre* mon amour pour elle. Enfin je m'y abandonnerais, m'y consacrerais, j'y croirais de tout mon cœur. Cela semblait naturel, normal, que ce soit moi qui prenne soin d'elle. Mais nous n'en avons jamais discuté, ni rien décidé. Je ne sais même pas si elle voudra que je reste près d'elle quand elle aura retrouvé ses forces.

Je crois que cette maison peut nous aider. Je deviendrais fou si je devais essayer de vivre sans avoir ce lien avec elle. Ne vous ai-je pas dit que mes motivations sont égoïstes ? »

Cela va trop vite pour moi. J'ai besoin d'en savoir davantage pour comprendre. Je demande :

« Pourquoi n'avez-vous jamais parlé du soldat à votre père ?

— J'avais onze ans quand tout cela s'est passé. Et ma mère a traité sa présence chez nous de façon si naturelle que ça l'a été aussi pour moi. Elle ne m'a jamais dit de garder le secret, elle savait que je ne dirais pas un mot, que je me doutais que cela ferait du mal à mon père — et à elle — et que je voulais les protéger l'un comme l'autre. Le soldat s'appelait Peter et, pendant les quelques semaines qu'il a passées chez nous, j'ai entendu ma mère rire et cela m'a plu, j'étais content. Je pouvais enfin cesser d'être l'homme de la famille.

« Je crois que c'était un déserteur, échappé d'un régiment stationné entre Pienza et Chianciano. Il a dû simplement partir un jour, marcher à travers bois et se présenter à notre porte. Comme notre maison — la vôtre aujourd'hui — est située en dehors du village, cela a dû lui paraître un lieu assez sûr pour demander de l'eau ou un endroit pour dormir. Quand il est arrivé, ma mère était peut-être dans le jardin, en train d'étendre le linge. Il l'a vue, elle était belle, les cheveux relevés, des yeux comme ceux d'une biche. Il l'a trouvée irrésistible. Ce genre d'histoire n'est pas rare.

« Et ce qui s'est passé ensuite non plus. Nina avait vingt-huit ans et Peter sans doute beaucoup moins. Nous étions comme trois enfants, nous avions souvent peur, souvent faim et ne savions pas ce qui nous arriverait ensuite.

— Et vous avez détesté votre père ? demande Fernando.

— Non. C'est une pensée terrifiante, mais chacun de nous est responsable de ses actes. Personne ne sait ce que nous savons sur nous-mêmes. Même quand les dés sont jetés, cela reste du domaine privé. Je crois que ma mère a vécu sa vie en entier jusqu'à l'âge de trente-trois ans. Les années qui ont suivi ont dû être une longue mort pour elle. Donc j'ai fermé les yeux de mon père, allumé une bougie, l'ai lavé avec de l'huile, lui ai souhaité de reposer en paix. J'ai pris des dispositions pour que Nina soit enterrée comme il convient, mais pas dans la tombe de mon père. Je ne pouvais pas leur faire ça. »

Nous restons silencieux, jusqu'à ce que le feu s'éteigne. Dehors il fait glacial et très sombre, car c'est une nuit sans lune et on ne voit pas les étoiles. De retour au village, au moment où nous allons le quitter, le duc nous dit :

« Vous ne trouvez pas étrange que de toutes les fermes de Toscane vous ayez choisi celle-ci ? Je sais bien que nous ne nous connaissions pas, que vous ne saviez pas que j'y avais vécu. Mais si vous regardez bien, vous verrez qu'il y a comme un cercle dessiné autour. Dans la vie, à peu près rien n'arrive par accident. »

PRINTEMPS

14

Des breuvages aux mille vertus

D'un seul coup, à la fin d'un implacable hiver, des souffles torrides venus d'Afrique viennent réchauffer les après-midi. Le duc nous apporte chaque soir de bonnes nouvelles de Floriana, comme autant de bouquets de fleurs, après qu'il lui a souhaité une bonne nuit. Il vient alors s'asseoir au coin de notre cheminée. Il continue à négocier l'achat de sa maison à moitié en ruine, surmontée de sept cheminées et entourée de vignes à l'abandon. Il l'appelle désormais l'*eremo,* l'ermitage. Il a perdu un peu de son côté rugueux, un peu seulement, mais son regard hanté a disparu. C'est devenu une sorte de vieil enfant qui a envie de s'amuser et il ne nous quitte plus d'une semelle.

Un matin, il sonne à la porte alors que nous dormons encore. Comme nous ne réagissons pas assez vite à son goût, il frappe à grands coups. Il a dû se passer quelque chose de grave. Mon cœur se met à battre vite, tandis que Fernando va voir ce qui se passe. Barlozzo lui annonce alors : « *Le erbe sono cresciute,* les herbes ont poussé. » Il n'aurait pas pris un ton différent pour dire que les Anglais envahissent l'Italie…

Quelques minutes plus tard, nous marchons à la queue leu leu tous les trois dans un grand pré. L'aube se lève à peine. Le duc porte à l'épaule un sac de toile, un couteau et une truelle dans une poche. Il se plie littéralement en deux dès qu'il voit un petit carré d'herbes tout juste sorties de terre, qu'il arrache, parfois avec leurs racines, ou alors qu'il coupe au ras du sol pour en faire des petites bottes nouées avec de la ficelle. Il nous tend ses instruments, mais je suis si maladroite que cela l'agace très vite et il me déclare que je le gêne plutôt qu'autre chose.

Fernando et lui continueront donc sans moi. Je prends alors tout mon temps pour repérer des pissenlits qui seront excellents en salade ou rapidement passés à la poêle avec de l'ail sauvage, de l'huile et au moins un gros piment rouge. Le soleil est maintenant levé et je suis heureuse de cette sortie matinale. Soudain, des cris de joie s'élèvent et je me dis que mes deux compagnons ont dû trouver en creusant un trésor de bijoux étrusques. Mais quand je vais les rejoindre, je les vois très occupés à faire des petites bottes de tiges brunâtres et maigrichonnes qui ressemblent à de mauvaises copies d'asperges. Ce sont des *brusandoli*, du houblon sauvage, et Barlozzo se vante déjà des différentes façons dont il va nous les servir ce soir :

« D'abord, nous allons avoir une salade de pissenlits, avec une bonne cuillerée de ricotta et des anchois au sel. Après, les tiges de houblon, tout juste pochées, égouttées quand elles craquent encore sous la dent et servies avec de l'oignon frais et du jus de citron. Ensuite, j'en ferai sauter dans un mélange d'huile et de beurre, et, dès que ça grésillera, je verserai dessus des œufs du jour battus. Un peu de sel. Je retournerai cette *frittata* quand elle sera bien dorée d'un côté et que l'odeur vous rendra fou. On la mangera directement dans la poêle. Surtout pas de pain. Du vin blanc très frais est autorisé. Rien d'autre. Floriana voudra servir du riz ou autre insipide accompagnement, mais ne l'écoutez pas.

— Et depuis quand nous récitez-vous le menu si longtemps avant le repas ?

— Oh, ça va ! Je trouve simplement que parler à l'avance de ce qu'on va manger aiguise l'appétit. »

Un autre matin de mars, où il fait aussi chaud qu'en mai, Fernando part, sous les ordres du duc, du côté des sources thermales à la recherche d'ail sauvage et de différentes herbes destinées à la confection de potions aux mille vertus. Je reste à la maison sous prétexte de surveiller la pâte à pain, après quoi j'enfile une veste par-dessus ma chemise de nuit, des bottes et sors, avec un panier et des ciseaux pour couper des fleurs. Pour une fois, Barlozzo n'est pas avec moi à la recherche d'un réconfort quelconque et je me sens merveilleusement libre, comme une mère de famille le jour où la jeune fille au pair a dit qu'elle s'occuperait de tout.

Il fait si chaud que j'ôte ma veste et m'étends dans l'herbe, en attendant que Fernando arrive.

Le voilà, qui chantonne *Tea For Two*, et j'imagine que me trouver ainsi va le séduire. Mais il n'est pas content du tout.

« Qu'est-ce que tu fais là ? Tu es à peine vêtue, le sol est humide. Et je ne veux pas que notre vieux brigand te voie dans cette tenue. »

Je n'ai plus qu'à me relever. Je trébuche, me rattrape, trébuche encore. C'est réussi… Je n'ai plus qu'à rentrer à la maison…

La saison des fromages a commencé, ceux faits avec le lait des brebis qui dévorent les mêmes herbes nouvelles que nous. Le premier s'appelle *marzolino*, littéralement « petit mars ». C'est un *pecorino* qui se mange frais, âgé de quelques semaines à peine. On peut l'accompagner de fèves crues, d'huile d'olive et de poivre.

Les fèves, nous les dévorons sans même ôter leur deuxième peau. Un autre accompagnement pour le *marzolino*, c'est du miel. Les bergers connaissent cela depuis très longtemps. Avant qu'on apprenne à élever les abeilles, ils plongeaient le bras dans la ruche pour attraper un morceau du gâteau de cire dont ils grattaient les alvéoles. Certains d'entre eux passaient leur vie entière dehors. Si leur quotidien était rude, cela ne les empêchait pas d'être des bons vivants qui aimaient raconter des histoires. Les bûcherons et les fermiers les invitaient pour cela et, en échange, leur donnaient du pain, du vin et de l'huile. J'aime cette idée. La mère de Barlozzo troquait une marmite de soupe contre un seau de ricotta. Moi, ce serait du pain contre des secrets.

Barlozzo connaît des recettes pour toutes sortes de potions médicinales qu'il concocte dans une espèce d'horrible cuve rouillée, montée sur roulettes. Il l'installe dans notre grange et y jette une quantité d'herbes qu'il écrase avec ses instruments à lui, faits main. Ensuite, il humidifie ce magma au tuyau d'arrosage, pose un couvercle sur le tout et déclare qu'il faut laisser reposer environ une semaine.

Je n'ai aucune confiance en cette potion recouverte d'une mousse visqueuse jusqu'à ce que je goûte. C'est frais, revigorant. Le duc procède à différents mélanges, vidant chaque fois la cuve dans un seau. L'une après l'autre, ses potions magiques sont filtrées à travers de la mousseline, puis versées dans des bouteilles ébouillantées et étiquetées suivant leurs mérites respectifs. Nous sommes priés d'en mettre certaines au réfrigérateur. Les autres vont à la cave. La chicorée sauvage nettoie l'intestin. Le fenouil sauvage et le pissenlit soignent tout. La *rucola* et l'oignon, sauvage également, purifient le sang. La *passiflora*, la racine de valériane et l'ail font baisser la tension. La bourrache est excellente pour la peau.

Le duc nous prévient que ses potions ne se conservent pas comme du vin. Il faut les boire avant les grandes chaleurs, un petit verre bien frais trois fois par jour. Ayant fait l'expérience des ravages intestinaux causés par quelques gorgées, je me méfie — mais promets d'obéir.

Un samedi, au marché de Cetona, je tombe en extase devant un cageot de laitues, aux feuilles satinées, d'un ravissant vert tirant sur le jaune, piqueté de rouge. Je les dévore des yeux, j'aimerais les dessiner. Les toucher, les goûter. La bonne cuisine est évidemment une affaire de goût, qu'il faut savoir exalter, libérer. Par exemple, pour faire un bon pesto, il faut amalgamer au pilon, dans un mortier, de l'ail et du basilic, afin que les saveurs se mélangent, puis les envelopper d'huile d'olive, pour former une émulsion. On obtient une sauce épaisse et crémeuse, qui doit être un peu chauffée pour qu'on l'apprécie vraiment. On la mélange donc avec des pâtes tout juste cuites, ou on la verse sur des tomates qui sortent du four.

PECORINO ET MIEL DE CHÂTAIGNE

Environ 100 grammes de fromage par personne ;
du très bon pain de campagne ;
du miel de châtaigne légèrement tiédi ;
une bouteille de vin santo très frais.

Cela constitue un très agréable dessert à la fin d'un repas toscan. C'est une bonne idée de présenter différentes sortes de *pecorino* — frais, davantage fait, sec, très sec. Le mélange fromage-miel est succulent.

15

Flori et moi écossons des pois

Flori n'a pas dit grand-chose à propos de la maison. Je lui demande si elle l'aime, si, en tout cas, elle aime cette idée. Nous écossons des pois toutes les deux, assises sur les marches de la terrasse, entre deux grands pots d'hortensias blancs que je viens de planter. Nous sommes vêtues de robes légères, pieds nus et jambes nues.

« Oh, c'est un endroit fascinant et je crois qu'on pourrait en faire quelque chose de très joli. Mais je ne suis pas aussi excitée par ce projet que Barlozzo. Je suis sûre qu'il va suivre son idée jusqu'au bout. Mais franchement, moi, il me suffit de vivre un jour après l'autre. »

Le duc est parti terroriser le boucher pour qu'il lui prépare des côtes d'agneau exactement comme lui le veut. Il les fera griller pour notre dîner. Le voilà qui apparaît, brandissant son sac de courses : « *Belle donne, buona sera,* belles dames, bonsoir. »

Avec Fernando, il met la viande à mariner dans de l'huile et du vin blanc. Puis il sort du sac de toile qui ne le quitte jamais des feuilles de menthe sauvage qu'il écrase dessus. Il tisonne le feu, Floriana verse du vin blanc dans une casserole et y fait pocher les pois, qu'elle écrase une fois cuits.

Pendant ce temps, j'ai mis à dorer des oignons dans une cocotte, avec huile d'olive, cannelle, sel et poivre. Il faut du temps pour que cela caramélise, et je laisse le duc surveiller le mélange et éviter que ça n'attache pas. Je vais mettre la table et ouvrir une bonne bouteille. Floriana nous a apporté dans l'après-midi un plat de toutes petites aubergines au four. Quand leur peau a éclaté, elle les a arrosées d'huile, avec de l'ail écrasé et du romarin. Cela va être délicieux. J'ai mis un pain tout chaud à refroidir sur des branches de romarin pour qu'il s'imprègne de leur goût. Et je vais verser sur des petites laitues le jus des côtelettes recueilli sur le gril. Il me reste à finir la soupe : bouillon de viande sur les oignons, plus les pois réduits en purée, plus un peu de vin, du *pecorino* et un trait d'huile. Je sers à la louche dans nos assiettes et comme cela se déguste tiède, nous attaquons d'abord les aubergines. Un pur festin…

Le soleil n'est pas encore couché quand nos invités prennent congé. Nous les regardons s'éloigner en direction du village, jusqu'à ce qu'ils disparaissent entre les arbres.

Le lendemain, dans l'après-midi, Flori et moi nous promenons sur la route de Celle. Je lui dis que Barlozzo nous a raconté l'histoire de ses parents.

« J'étais sûre qu'il le ferait tôt ou tard, observet-elle. Mais vous savez, à moi, il n'en a jamais parlé.

— Peut-être n'en éprouvait-il pas le besoin. Il savait que vous saviez. Et aussi que cela avait toujours été un obstacle entre vous.

— Oui, je suppose. Et c'est vrai qu'au plus profond de moi j'ai toujours compris qu'il voulait m'aimer. Mais je connaissais sa peine et je ne me suis jamais senti la force de l'aider à s'en débarrasser, pour enfin atteindre son cœur. Vous voyez, j'ai été un obstacle, moi aussi, comme Nina et Patsi. Je n'ai jamais su comment commencer. Jamais su quoi dire. Pourquoi ne réussissons-nous pas à nous parler les uns les autres ? »

Nous n'avons pas fait cinq cents mètres qu'elle a un petit rire et déclare :

« Je suis fatiguée. Un coup de fièvre du printemps. Je crois que je vais rester couchée quelques jours et permettre qu'on s'occupe de moi. Avant, l'idée qu'on me cajole évoquait trop une forme d'adieu. Mais maintenant, je crois que je suis prête à apprécier pendant une semaine la compagnie de mes amies. »

La nouvelle se répand et, le lendemain, nous sommes cinq, réunies dans le petit appartement de Floriana, nous marchant un peu les unes sur les autres, à cuisiner, bavarder avec elle, lui vernir les ongles et écouter ses histoires. Elle me regarde soudain et me prie de m'approcher parce qu'elle a quelque chose d'important à me demander : elle voudrait que je la maquille. Du mascara, un nuage de poudre, un soupçon d'ombre à paupières et surtout, surtout du rouge à lèvres, comme le mien, très vif. Je cours chez moi chercher ma trousse, puis me mets au travail. Quand j'ai fini, je lui tends un miroir. Elle ne dit rien, ferme les yeux, me prend la main. Et je vois les larmes ruisseler sur ses joues — le mascara coule, la poudre fait de vilaines traces, il n'y a que le rouge qui tient. Vite, je répare le désastre, lui dis que c'est parfait et appelle les autres pour qu'elles l'admirent. Elles s'exclament, poussent des cris et toutes veulent que je leur farde les lèvres. Nous sommes assises autour du lit à rire et à nous raconter des secrets et à décréter des vérités premières :

« Les traditions, en gastronomie comme en amour, ne se perpétuent que si on les honore tous les jours. »

« Méfiez-vous de la tyrannie de celui qui donne. Il a plus de cartes dans son jeu que celui qui reçoit. En tout cas, il le croit. »

« Quand vous choisissez un mari, assurez-vous que c'est avec lui que vous voulez mourir — et pas seulement vivre. »

« La plus grande déception qu'on puisse éprouver vous tombe dessus quand on s'aperçoit que celui qu'on croyait comprendre nous trompe en étant quelqu'un d'autre. »

« Le sarcasme est un poignard brandi par la peur. »

« En vieillissant, on découvre que son fils est devenu le mari qu'on voudrait oublier et que sa fille ressemble à la mère dont on voulait tant s'éloigner. »

« N'ayez pas peur de vos enfants. S'ils vous aiment, ce n'est pas la peine de solliciter leur amour. S'ils ne vous aiment pas, il n'y a rien à faire. »

« De temps à autre, une petite vendetta peut vous faire du bien. »

C'est mon tour :

« Il faut toujours équilibrer le sucré et le salé. J'ai connu une Française qui ajoutait toujours une pincée de sel sur ses tartes aux prunes avant de les mettre au four. Elle disait que le sel exalte le goût du sucre. »

Enfin c'est celui de Floriana :

« Vous savez, parfois, certains jours et certaines nuits c'était dur de simplement laisser passer une heure après l'autre. Je cherchais toujours des choses à faire pour occuper mon temps avant le déjeuner ou pour m'obliger à rester tranquille au petit matin. Et maintenant, tout ce que je demande, c'est justement du temps libre. La vie est si courte, passe si vite. Et je voudrais comprendre pourquoi. »

Une des femmes présentes, Tullia, déclare alors que nous devrions danser la tarentelle, « pour chasser les démons, leur rappeler que nous sommes plus fortes qu'eux ».

C'est effectivement une danse qui exprime la révolte, une danse fière, qui abolit les barrières, arrache les masques. Elle est grecque, bohémienne, arabe, africaine. Et parmi ces Toscanes si réservées, Tullia est la seule à la connaître. Elle a près de soixante-dix ans et ne mesure guère plus d'un mètre cinquante. Elle nous raconte rapidement qu'à treize ans, après la guerre, ses parents étant morts, elle avait dû aller vivre chez un oncle et une tante à Salerne. L'oncle possédait des mains comme des battoirs et Tullia se doutait de ce qui l'attendait. Donc elle s'est sauvée, après avoir volé dans l'appartement de quoi s'acheter un billet pour Florence, où elle était sûre de trouver du travail comme domestique, en mentant sur son âge. Elle a emporté aussi un morceau de pain et son tambourin — nécessaire pour danser la tarentelle.

Aujourd'hui, elle se redresse devant nous de toute sa hauteur, ôte son cardigan rose, relève sa jupe bleu marine jusqu'aux genoux et se met en position. Elle ferme les yeux, rejette la tête en arrière, lève les bras, et se lance dans une série de pas compliqués. Elle entend sûrement une musique que nous ne connaîtrons pas. Soudain elle s'arrête : « J'ai besoin de mon tambourin ! » Elle jette un châle sur ses épaules, et part en courant chez elle.

En attendant qu'elle revienne, nous commençons à l'imiter — enfin, à notre façon. Trois d'entre nous se lancent dans un bizarre mélange de jitterbug et de cha-cha-cha, tandis que j'esquisse un début de tango. À son retour, Tullia proteste, elle va nous apprendre ce qu'il faut faire. D'abord, avoir des pensées érotiques, puis pleines de colère, ensuite de tristesse et enfin d'amour. Un mélange qui ressemble à ce qu'est la vie.

Floriana décide qu'elle va danser aussi. Elle met ses fameuses chaussures noires. Et elle se lance. Elle danse vraiment, frappant des talons au rythme du tambourin, comme pour chasser les démons, justement. Elle ne s'arrête que lorsqu'elle est à bout de souffle, les joues rouges et en sueur. Ses larmes coulent. Elle demande du vin. D'ailleurs nous avons toutes soif et faim.

Aussitôt quatre mains — celles de Tullia et les miennes — s'activent à mélanger sur la table de la cuisine de la farine, de la levure, du lait, du beurre et des œufs. Cette pâte va reposer un peu, tandis qu'une autre aide-cuisinière fait chauffer un litre et demi d'huile de tournesol dans une petite marmite. J'ai emprunté un tablier à Floriana et je me dis que c'est exactement ça que je désire le plus : transmettre mon héritage, pour humble qu'il soit. Je suis une cuisinière, une boulangère. Des métiers qui viennent de très loin, d'il y a très longtemps. Quand j'ai travaillé dans des bureaux, je savais que ce n'était pas là ma vraie place. Maintenant c'est bon d'être là où je suis. Je fais ce que j'ai toujours voulu faire, je suis ce que j'ai toujours voulu être.

Flori va chercher une bouteille de *ciliegina*, du vin blanc parfumé aux feuilles de cerisier qu'elle a préparé l'année dernière.

« C'est la première fois que je bois du vin en l'absence de mon mari, dit l'une de nous.

— Alors buvons à la deuxième ! » s'exclame une autre.

À tour de rôle, nous jetons dans l'huile bouillante des petits morceaux de pâte. Ils dorent très vite et remontent à la surface. On les sort avec une écumoire et chacune, à son goût, en saupoudre plusieurs de sel ou de sucre. Et nous les dégustons, accompagnés du délicieux vin doux bien frais. Souvenir érotique pour toutes.

16

Les premières fleurs de courgettes

Le mois d'avril a été fiévreux. Un sirocco brûlant est venu du sud et, certains jours, il s'est mêlé à la tramontana, le vent froid du nord. Si bien que tout est arrivé en même temps : des orages, des bourrasques, entrecoupés par des jours de soleil dignes d'un mois d'août. Les cerises sont déjà mûres, les fraises des bois aussi. Sur les marchés, on trouve des pastèques, du basilic et de la bourrache. Dans les champs, le blé pousse dru. Et voici que, le 1er mai, nous sommes prêts à partir — et pas de gaieté de cœur.

Je n'ai pas envie de faire ce voyage maintenant et Fernando non plus. Il trouve que nous pouvons attendre jusqu'à l'automne avant d'entamer les recherches indispensables pour le livre qu'on m'a commandé sur l'Italie du Sud. Mais je sais que ce n'est pas possible. J'ai un plan de travail à respecter et je me rends compte que, si je ne commence pas tout de suite, je ne tiendrai pas facilement mes délais. Nous serons absents deux mois. Au programme : la Campanie, la Basilicate, les Pouilles, la Calabre et la Sicile, de façon à être de retour à San Casciano à temps pour l'arrivée de mes enfants qui passeront l'été avec nous. L'itinéraire est au point, les rencontres avec des cuisiniers, des boulangers et des vignerons sont fixées. Il faut partir :

« Oui, oui, je sais, mais tout est si beau ici.

— C'est toujours très beau. Ce le sera encore à notre retour », dis-je, en essayant de faire tenir mes vêtements dans une seule valise. Je ne porterai sans doute pas cette jupe à volants — mais je veux être prête, on ne sait jamais. Comme Fernando ne prend presque rien, je glisse une robe élégante au milieu de ses affaires.

Nous avons invité Barlozzo et Floriana à déjeuner. Il y aura des petites omelettes à l'ail nouveau, des côtelettes d'agneau de lait sur de la purée d'oignons, une salade de feuilles de basilic et des fraises des bois, avec un peu d'huile, quelques gouttes de vinaigre balsamique et du poivre. Ce n'est pas un menu qui plaira forcément au duc, mais Flori adorera.

Je chantonne en m'affairant dans la cuisine quand on sonne à la porte. Fernando court ouvrir :

« C'est arrivé tôt ce matin, pour autant qu'on sache… Barlozzo était allé lui porter le journal… Le curé… Le docteur… Une ambulance… »

En m'essuyant les mains à mon tablier, je m'approche. Je ne reconnais pas la voix de notre visiteur. Je ne comprends pas de quoi il parle. Un froid glacé m'envahit. J'entends du bruit, j'ai l'impression de ne plus voir clair et je sais que Flori est morte. Fernando me serre contre lui.

Cela fait seulement neuf jours que je l'ai maquillée et que nous avons bu ensemble du vin à la cerise. Et aujourd'hui, elle est morte. Nous allons, en courant presque, jusqu'au village. Flori est morte. Les gens autour de nous commencent à dire quelque chose, puis s'arrêtent, incapables de continuer. Vera nous apporte de l'eau, nous buvons. Quelqu'un annonce qu'il y aura une procession depuis l'église jusqu'au cimetière le lendemain soir. Et une messe le matin. Personne ne demande comment c'est arrivé. Barlozzo sort de chez elle. Il porte une chemise blanche amidonnée et un pantalon gris foncé. Il s'est soigneusement peigné. Il serre des mains au passage. Quand il approche de l'entrée du bar, Fernando va à sa rencontre et je le suis. Tous deux échangent quelques mots. Je me contente de serrer la vieille main parcheminée entre les miennes. Nous ne nous regardons pas.

Dès que nous rentrons chez nous, Fernando prépare des lettres qu'il ira faxer plus tard au Centrale, à l'intention de ceux et celles qui nous attendaient aux premières étapes de notre voyage. Nous ne pouvons évidemment pas partir demain. Nous ouvrons portes et fenêtres pour avoir de la lumière, pour faire du bruit. Puis nous allons nous étendre sur notre lit.

« Elle avait vraiment envie de mourir. Il y a un mois, peut-être moins, à sa visite de contrôle, le scanner a montré de nouvelles tumeurs. Alors elle a pris son sac, sa veste, tandis que le médecin lui expliquait les nouveaux traitements qu'elle devrait suivre. Elle l'a remercié, en souriant, comme si ce n'avait été qu'une agréable visite. Et il a compris, comme moi, qu'elle avait déjà décidé de mourir. »

La nuit vient de tomber et nous sommes assis sur la terrasse, le duc en face de nous.

« Ce n'est pas très longtemps après qu'elle vous a toutes invitées chez elle. Je crois qu'elle commençait déjà à entendre ce tumulte, ce grondement intérieur, qui précède la mort. Les gens savent. Elle savait. Mais ce n'est qu'en voyant à la radio ces clichés qu'on lui montrait devant une lumière blanche, qu'elle a commencé à *entendre* ce qu'elle avait déjà deviné. Elle a estimé, et ça je le sais, qu'une mort lente, longue, ne serait pas la meilleure façon de m'aimer, donc je ne l'ai jamais suppliée. Je ne me suis pas mis en colère. Je ne lui ai jamais demandé pourquoi. Et elle s'est laissée mourir, aussi vite qu'elle a pu. Sans peur. Sans espoir. Une manière très ancienne d'affronter la vie et la mort. Mais il n'y a rien eu de désespéré au cours de ces derniers jours. Je n'ai pleuré que lorsque je n'étais pas chez elle. Et si Flori a pleuré, c'est quand elle était seule. Elle a voulu qu'on lessive les murs, tous les murs de son appartement. Donc nous l'avons fait. Elle s'est occupée du bas et moi du haut. Elle me surveillait, en m'indiquant des taches que je n'aurais pas vues. Je lui ai demandé pourquoi elle voulait avoir des murs propres et elle m'a répondu : « Parce que c'est quelque chose que je peux encore décider. » Elle a ajouté qu'elle ne voulait aucune vilaine trace sur la peinture, pas plus que sur les derniers mois passés ensemble. Je crois qu'elle était contente. Je crois qu'elle a enfin vécu la vie dont elle rêvait depuis son adolescence et peu importe si elle allait être courte, au moins elle était devenue une réalité. Mais moi j'ai cru que nous avions du temps, j'ai commencé à penser en termes de mois, un an peut-être. J'osais me dire, et plus encore. Mais je ne pouvais pas me préparer à ce qui s'est passé ce matin. Et elle le savait. Elle me répétait à quel point elle m'aimait. Elle le répétait sans cesse. Elle souffrait tout en étant heureuse. Elle m'a laissé un petit mot : « Je voudrais que la mort me trouve en train de danser. »

Les premières étoiles commencent à scintiller tandis qu'un soleil rouge s'abîme derrière les collines de Toscane. Chacun de nous tient un cierge. En chasuble, rouge elle aussi, le prêtre attend. Les enfants de chœur apportent l'encensoir. Quand tout le village est réuni, on dit les prières. Les vapeurs de l'encens s'élèvent au-dessus de la tombe dans laquelle on jette des fleurs, qui font un bruit mat en tombant.

Rentrés chez nous, nous ouvrons une bouteille de vin et parlons un peu. Je dis à Fernando que, ce soir, Barlozzo avait l'air d'un enfant perdu et que j'avais envie de le serrer dans mes bras, de lui dire que son chagrin finirait par s'atténuer.

« Non, me répond Fernando, pas vraiment, mais au moins ce sera sa souffrance à lui, pas celle de son père ou de sa mère. Et comme il dit que cela a été le cas pour Flori, il trouvera un équilibre entre son chagrin et le bonheur de ces derniers mois. »

Nous restons assis près du feu, le dernier de la saison, sans doute. J'interroge :

« Attendons-nous le duc ?

— Oui, je crois, mais nous savons qu'il ne viendra pas. »

Nous dînons rapidement et posons une assiette de soupe sur le bord de la fenêtre, à l'intention du Père Noël — ce qui nous fait rire tous les deux. C'est bon de rire… Soudain, nous avons la même idée, Fernando et moi.

Nous savons où le trouver. Donc nous nous dirigeons vers le *campo santo*, où il n'y a qu'une seule tombe éclairée par une torche. Juste à côté, un homme creuse un trou avec une bêche : « J'ai pensé qu'elle aimerait dormir à côté d'un grenadier », nous dit-il, pas du tout surpris de nous voir. Son petit arbre a au moins un mètre de haut, des branches déjà épaisses et une écorce déjà noire et rugueuse. Le duc continue son travail, recouvre les racines de terre, qu'il aplatit soigneusement. Il prend un bidon d'eau dans sa brouette et arrose longuement. Puis il installe deux autres grenadiers, tout petits ceux-là, dans des pots en terre cuite de part et d'autre de l'arbre. Voilà, c'est fini. Pour l'instant, en tout cas. Je me demande s'il a l'intention d'ajouter plus tard un olivier et quelques pieds de vigne. Sûrement des rosiers. Il s'assoit dans l'herbe, les genoux relevés jusqu'au menton, allume deux cigarettes et en tend une à Fernando. J'en demande alors une, moi aussi. Mon mari l'allume à la sienne et me la glisse entre les lèvres. Nous restons encore un moment ensemble. Personne ne pleure avant d'être rentré à la maison.

Le lendemain matin, en allant au Centrale, nous croisons le duc qui arrive en sens inverse, un grand sac en plastique bleu rempli de fleurs entre les bras.

« Les premières fleurs de courgettes, *ragazzi.* Elles sont belles, toutes féminines.

— Cela veut dire que vous venez déjeuner avec nous ?

— Non, pas maintenant. Peut-être quand vous reviendrez du Sud. »

C'est sa façon à lui de nous dire que nous devons partir, qu'il ne faut pas décaler nos projets davantage.

« Nous avons encore un peu de temps devant nous, déclare Fernando, pour lui offrir une chance de changer d'avis.

— Mais ces fleurs étaient mon cadeau d'adieu, dit le duc en lui tendant son sac.

— En ce cas, nous vous donnons rendez-vous ici début juillet. »

La cause est entendue.

Je tends au duc les clés de notre maison, le Palazzo Barlozzo :

« Au cas où les rideaux de velours et les drapés de brocart vous manqueraient. »

Puis je me dresse sur la pointe des pieds pour l'embrasser. Je me dis qu'il aura peut-être envie de s'asseoir dans le fauteuil où Flori aimait venir coudre. Pour ne pas montrer qu'il a les larmes aux yeux, Fernando se détourne brusquement. Moi je me mets à pleurer à chaudes larmes.

« *Ciao, piccola, ciao* », dit le duc, qui nous regarde nous éloigner.

Nous refermons à nouveau nos valises, faisons les dernières vérifications, portons les bagages à la voiture. Nous partirons le lendemain à l'aube. Nous avons dîné de ce qui restait dans les placards, une seule saucisse, une pomme de terre germée, trois côtelettes grillées sur le feu dehors. Puis nous finissons une bouteille de vin. Fernando me serre contre lui. Le crépuscule s'attarde. Quelques nuages roses traînent encore dans le ciel qui s'obscurcit. Il se met à pleuvoir. C'est la nouvelle lune. Je laisse les gouttes ruisseler sur mon visage. *C'est cela que je voulais, exactement cela.* Je veux ce que j'ai déjà.

« À quoi penses-tu ? me demande Fernando.

— Je pense que la vie est un merveilleux et terrifiant mystère. »

Il me serre plus fort encore.

La pluie redouble. Nous courons chercher nos assiettes et nos verres et rentrons dans la maison, en claquant la porte contre les trombes d'eau. L'électricité ne fonctionne plus. J'allume des bougies.

« *Siamo salvi*, nous sommes sauvés », dit Fernando, en remplissant un grand verre en cristal de cognac. Nous buvons à tour de rôle. Un violent coup de vent ouvre la porte en grand et nous n'arrivons pas à la refermer complètement. Il faut empiler des meubles derrière pour la maintenir. Soudain je nous vois dans le miroir de l'entrée, encadré par deux appliques où brûlent des bougies. Nous ressemblons à un tableau. Fernando, qui va et vient, sort donc du cadre. Je l'attire contre moi :

« Regarde ! Reste un peu tranquille et regarde-nous. »

Ce qu'il fait, de l'air de se demander si ce n'est pas un rêve. Il le dit, d'ailleurs, en rougissant comme si le miroir était une caméra. Y avons-nous vu un bref instant quelque chose de notre moi le plus secret ? Le temps file, à la vitesse de l'éclair, nous mettant au défi de le garder, de l'enfermer dans une boîte, de l'attacher comme un collier de perles, des perles qui constituent notre vie.

REMERCIEMENTS

à Rosalie Siegel
donna nobile

Sharona Guri, de Tel-Aviv
Isabella Cimichi, d'Orvieto
mes deux muses

Sandra et Stuart Roth
deux nobles cœurs

Lisa et Erich
mes enfants chéris

Fernando Filiberto-Maria
le seul, l'unique

Afin de préserver leur identité, il se peut que certains protagonistes de ce livre aient été en réalité imaginés à partir de plusieurs personnages réels.

HIVER

PRINTEMPS

Aux Éditions du Mercure de France

MILLE JOURS À VENISE, Mercure de France, 2009 (Folio n° 5257).

MILLE JOURS EN TOSCANE, Mercure de France, 2011 (Folio n° 5575)

UN PALAIS À ORVIETO, 2013